AF202972

Über den Autor:

Dr. phil. Bernd Schmid (Jhg. 1946) ist Gründer und Leitfigur der isb GmbH Wiesloch (seit 1984) und der Schmid Stiftung (seit 2011).

Er war international tätig als Referent, Lern- und Professionskulturentwickler sowie als Unternehmer und Gründer von Initiativen und Verbänden. Seine Expertise in der Organisationsentwicklung und im Coaching stellt er heute als Mentor und Konzeptentwickler an der Schnittstelle von Profit- und Nonprofit-Unternehmertum bereit.

Schmid ist unter anderem Ehrenmitglied der Systemischen Gesellschaft und Ehrenvorsitzender im Präsidium des Deutschen Bundesverbandes Coaching. Er ist Preisträger des Eric Berne Memorial Awards 2007 der Internationalen TA-Gesellschaft ITAA, des Wissenschaftspreises 1988 der Europäischen TA-Gesellschaft EATA sowie des Life Achievement Awards 2014 der Weiterbildungsbranche. 2017 ehrte ihn die Deutsche Gesellschaft für Transaktionsanalyse DGTA für sein Lebenswerk.

Zahlreiche Essays zu persönlichen und professionellen Themen finden sich unter www.isb-w.eu/campus/de/schrift/Blog archiv-von-Bernd-Schmid-0000SY0812D

Weitere Veröffentlichungen zum kostenlosen Download sowie Videos stehen bereit unter www.isb-w.eu/campus/de/ und www.youtube.com/user/ISBlearning.

Kultur und Lernen in Organisationen

Ein Lesebuch von Bernd Schmid 2020

isb GmbH - Systemische Professionalität
Institut für systemische Beratung
www.isb-w.eu

Lesebuch Band IV

©2020 Bernd Schmid

Herausgeber: isb GmbH, Wiesloch
Autor: Bernd Schmid
Gestaltung: Bettina Gentner, isb GmbH
Titelbild: ©Bernd Schmid Fotoarchiv
Lektorat, Korrektorat: Jutta Werbelow, isb GmbH

Verlag & Druck: tredition GmbH, Halenreie 40-44, 22359 Hamburg

ISBN: 978-3-347-17445-0 (Paperback)
          978-3-347-17447-4 (e-Book)

Bibliografische Information der Deutschen Nationalbibliothek:
Die Deutsche Nationalbibliothek verzeichnet diese Publikation in der Deutschen Nationalbibliografie; detaillierte bibliografische Daten sind im Internet über http://dnb.d-nb.de abrufbar.

Inhaltsverzeichnis

Teil I

Teil II

Vorbemerkung

Dies ist ein Lesebuch, zum Schmökern gedacht. Es wird also erzählt und dadurch eingeladen, die eigenen Gedanken schweifen zu lassen, sich auf eigene Erfahrungen zu besinnen und mit den vorgetragenen Gedanken Dialog zu halten.

Die Erzählungen - bearbeitet und durch Metaphern angereichert - stammen vom „Systemischen Tag 2016" am CUM NOBIS in Stuttgart. Die „kleine Sittengeschichte" wurde 2008 als Dinner Speech vor Bildungsfachleuten des Deutschen Maschinen- und Anlagenbaus bei der Heidelberger Druckmaschinen AG in Wiesloch gehalten. Und der fiktive Dialog „In Zukunft gehören Lernen und Arbeiten zusammen" aus dem Jahre 2008 spiegelt die Diskussion um lebensnahe Bildung für Professionelle.

Obwohl aus Gründen der Lesbarkeit im Text meist die männliche Form (Teilnehmer, Lehrtrainer) gewählt wurde, beziehen sich die Angaben auf beide Geschlechter.

Systematische Darstellungen und didaktisch aufbereitetes Material gibt es auf dem isb campus. Interessierte können sich kostenlos registrieren. Unter Angabe der Quelle und der Autorenschaft ist es durchaus gestattet und sogar gewünscht Teile der Schrift zu nutzen. Bei Unsicherheiten der Verwendung nehmen sie bitte Kontakt mit uns auf.

www.isb-w.eu/campus

Teil I

1. Beruflicher Ausklang und Schmid Stiftung

Zu mir persönlich: Im Dezember 2016 wurde ich 70 und ging nach über 40 Berufsjahren in den Ruhestand. Am isb hatte ich über mehrere Jahre hinweg alle Funktionen übergeben und spiele nun den Senior im Hintergrund. Für unser gesellschaftliches Engagement habe ich 2012 die Schmid Stiftung gegründet, deren Tätigkeiten vom isb finanziert werden.

Der Stiftungszweck lautet, „OE-Knowhow für Gemeinwohl-orientierte Organisationen und Initiativen zur Verfügung stellen". Im gemeinwohlorientierten Bereich wird oft mit viel Engagement gearbeitet, doch für Entwicklungen fehlt oft Knowhow, wie man Engagement nachhaltig machen, wie man es ausrollen, wie man über Generationen hinweg weitergeben kann, wenn es eine gute Sache ist. Wenn einer ein musiktherapeutisches Konzept für Kindergärten ins Leben bringt, kann das - vor Ort und vom Gründer persönlich getragen - gut funktionieren. Doch wenn das Konzept auf weitere Träger und Regionen ausgerollt werden soll, geht das nicht allein mit musikpädagogischem Knowhow, da braucht es unternehmerisches Talent und OE-Knowhow. Oft wissen Gründer nicht, was es braucht, um ihr Werk in die nächste Generation zu bringen. Sie haben ihre Kompetenzen eben in anderen Feldern. Wir versuchen ihnen zu helfen, das zu verstehen und unser Knowhow hinzuzunehmen, damit sich ihre wertvollen Initiativen nicht totlaufen.

Die Schmid Stiftung organisiert und betreut OE-Beratung für gemeinwohlorientierte Organisationen und Stiftungen aller Art. Die direkte Beratung machen Fachleute aus dem isb Netzwerk honorarfrei. Von unseren hauptamtlichen Stiftungs-Mitarbeiterinnen bekommen sie dazu die Bühne bereitgestellt, und die Stiftung gestaltet den konzeptionellen und organisatorischen Rahmen. Die ehrenamtlichen Berater finden es erleichternd, dass sie den Rahmen nicht selbst organisieren müssen, sondern ihre Expertise in für sie neue und interessante gesellschaftliche Felder einbringen und dabei hochwertige Begegnungen aller Art erleben können.

Hier und heute also mein letztes Seminar im Kollegenkreis. Ich habe dafür das Thema „Kulturverantwortung in Unternehmen – Personen und Systeme qualifizieren" gewählt, ein Herzensthema. Zwar habe ich dazu auch eine Präsentation vorbereitet und stelle sie gerne zur Verfügung[1]. Sie finden die Charts auch am Ende dieser Schrift. Ich habe aber beschlossen, dieses Seminar im Erzählmodus zu halten. Meine Mitarbeiter sagen immer: „Du bist am besten, wenn du am Essenstisch ins Erzählen kommst."

---

[1] Siehe: www.isb-w.eu/campus/de/schrift/Kulturverantwortung-in-Unternehmen---Personen-und-Systeme-qualifizieren-2016SP0183D

2. Coaching als Expertise und Profession

Ich bin seit vielen Jahren in Sachen Organisationsentwicklung und Organisationscoaching unterwegs. Coaching als Dienstleistung, als persönliche Unterstützung und Entwicklung durch Einzelfallhilfe finde ich wichtig. Beratungsgespräche, meist mit einzelnen Menschen, helfen diesen, sich entlang ihrer Anliegen, ihrer aktuellen Herausforderungen zu sortieren und neue Optionen zu entwickeln. Der Deutsche Bundesverband Coaching[2], den ich mitgegründet habe, hat sich auf den Organisationsbereich spezialisiert. Auch hier geht es meist um Einzelcoaching als Beratungsform für Menschen mit Fragen zum Beruf und zu den Organisationen, in denen sie diesen ausüben. Doch habe ich darüber hinaus auch immer vertreten, Coaching und den Verband nicht auf Vier-Augen-Gespräche zu reduzieren.

Für mich bedeutet Coaching in erster Linie Perspektiven und Expertise für das Zusammenspiel von Mensch und Welt. Wenn ich auf den Zusammenhang von Mensch und Berufsleben sehe, nenne ich das Professionscoaching. Wenn ich auf den Zusammenhang Mensch und Organisation oder Unternehmen sehe, nenne ich das Organisationscoaching. Coaches können und sollten in diesen Bezügen ihr eigenes professionelles Profil entwickeln. Profession, zumindest war es lange so, wird definiert als „wesentlicher Bezug des Menschen zu einem Lebensbereich". Beim Arzt ist das beispielsweise die Beziehung Mensch

---

[2] www.dbvc.de

und Gesundheit, bei der Juristin ist es die Beziehung Mensch und Rechtswesen usw. Coaching sollte, wenn es ein eigener Berufsstand sein will, die Beziehung "Mensch und Berufswelt" (Professionscoaching) sowie die Beziehung "Mensch und Organisationswelt" (Organisationscoaching) abdecken. Dazu muss ein Coach Kenntnisse zu Berufswelt-Entwicklungen und zu Organisationswelt-Entwicklungen in heutiger Zeit haben.

Ein heute weit verbreitetes Verständnis von Beratung könnte etwas flapsig so markiert werden: „Ich gehe hinter Dir her, während Du Dein Rad erfindest und die Welt erforschst!". Ich finde eine solche Haltung bei jemandem angebracht, der noch um seine Selbständigkeit ringt und erst lernt, sich kundig zu machen. Doch sollte ein Coach sich in den Welten, in denen er mit seinem Coachee gemeinsam unterwegs ist, auskennen. Statt nur den tastenden Bewegungen seines Klienten zu folgen, sollte er ihm sagen können, was es an Entwicklungen in unserer Gesellschaft gibt und wie sich der Coachee auf diese beziehen kann. Deswegen sollte ein Organisationscoach etwas von Organisation verstehen. Als psychologisch orientierte Systemiker waren wir früher etwas größenwahnsinnig unterwegs: „Wir kennen uns in Kommunikation aus, wir wissen was von der Psychologie der Menschen, und wir können Muster identifizieren. Also kann man uns überall brauchen." Gemäß dem Bonmot: „Fahren Sie mich irgendwo hin, ich werde überall gebraucht". Doch: Je älter ich werde, desto mehr anerkenne ich die Bedeutung von Sach- und Feldkenntnissen. Man sollte verschiedene Wirtschaftszweige und die Logik von unterschiedlichen Organisationen kennen und sich vom gesellschaftlichen Umfeld, in dem etwas stattfinden soll, ein Bild machen können.

3. Orientierung, Dialog und Verantwortung

Neben den handwerklichen Coaching-Elementen darf ein umfassenderes Verständnis vom Leben des Coachees eine wichtige Rolle im Beratungsprozess spielen. Zu Beratern in Ausbildung sage ich gerne: „Es ist einerseits gut, wenn Ihr lehrbuchgemäß den Coachee fragt: Warum bist Du eigentlich hier? Was ist Dein Anliegen? Wie verstehst Du Dein Problem, und wie stellt Du Dir die Lösung vor? Bis wann möchtest Du am Ziel sein?". Hier wird der Klient ganz schön gefordert. Aber genaugenommen: Wenn er das alles schon weiß, braucht er dann noch Beratung? Eigentlich brauchen wir eher gerade dann Beratung, wenn wir all das nicht so recht wissen oder es uns eher diffus an Orientierung und Wohlergehen fehlt." Und deswegen ermutige ich Berater, sich im Gespräch mit Kunden ein Bild von deren Lebenswegen, deren Selbstverständnis, deren Berufssituation und anderer Welten zu machen und dann eigene Erfahrung für Einschätzungen zu nutzen, womit sich der Klient überhaupt erst einmal beschäftigen könnte. Denn: Neue Perspektiven sind am Ende meist wichtiger als Antworten auf alte Fragen. Natürlich meine ich kein unsensibles Feuerwerk von Ideen und Lösungen, sondern für den Klienten passende Ideen, wie er seine Situation angehen kann. Einfach nur abarbeiten, was dem Coachee ohnehin schon selbst einfällt, hilft selten wirklich. Von daher bin ich für direktive Beratung. Direktiv meint, für eine sinnvolle Richtung Verantwortung mit zu übernehmen. Dazu muss ich mir ein in meinem Erfahrungshorizont plausibles Bild machen und selbst entscheiden, was ich dafür wissen muss und wann ich erst mal genug erfahren habe. Ein Coach muss darauf bestehen, zu einem plausiblen Bild zu kommen, oder er kann nicht leistungsfähig sein. Dafür sollte er sich selbst und dem Coachee die Situation transparent machen: „Im Moment kann ich nicht viel beitragen, weil ich keine mir plausible Vorstellung von der Situation und der Fragestellung bekomme. Wir müssen erst mal schauen, wie wir uns hinreichend in einer gemeinsamen Wirklichkeit verorten können, und was wir dafür noch brauchen."

Als Organisationsentwickler bin ich ein Befürworter von „Dialogic Organization Development"[3]. Gervase Bushe, einer seiner Vertreter, sagt: „Wir brauchen ein neues Mindset für die Organisationsentwicklung. OE muss mit den Internen gemacht werden. Wir müssen sie darin unterstützen, dass sie selbst ihr Ding entwickeln und untereinander sowie mit konkreten Partnern Dialog halten, weil sonst die Wahrscheinlichkeit nicht hoch ist, dass sie Anregungen im Alltag in ihren Bezügen umsetzen können." Im Unterschied dazu nennt Bushe, was klassisch von außen kommt, „Analytic Organization Development". Gut an seinem Dialogansatz finde ich, dass nicht unnötig polarisiert wird, sondern er integrativ eingestellt ist.

---

[3] Bushe, G. R. (2020). The Dynamics of Generative Change (English Edition/2nd Ed.). BMI. Kindle Ausgabe: https://www.amazon.de/Dynamics-Generative-Change-Dialogic-English-ebook/dp/B08JV2TDVG

Analytische Organisationsentwicklung bietet gute Erfahrungen und Konzepte, die bei Bedarf in dialogische Organisationsentwicklung integriert werden sollten. Man trägt Konzepte nicht vor sich her, sondern bringt sie dann in den Dialog ein, wenn sie gebraucht werden.

Zur Illustration der Perspektiven-Vielfalt im Organisations-Coaching habe ich den Slogan gewählt: „Organisations-coaches sind 10-Kämpfer." Was heißt das? Früher hat man sich auf ein Fachgebiet spezialisiert, z. B.: „Ich bin Psychologe" oder „Ich kann mit Rationalisierungsverfahren gut umgehen". Damit hat man sich eine Teilperspektive herausgenommen und sich als Berater für diese angeboten. Man hat aber wenig Verantwortung dafür übernommen, wie dieses Knowhow an die anderen Perspektiven, die genauso wichtig sind, angekoppelt werden sollte. Da habe ich schon das Ideal, dass ein Berater versuchen sollte, der komplexen Verantwortung seines Klienten gerecht zu werden. Als Unternehmer bin ich ja auch Kunde von Beratern, z.B. im IT-Bereich. Es nervt mich, wenn einer mit leuchtenden Augen erzählt, was er alles weiß, aber wenige Ideen hat, wie damit meine Probleme zu lösen sind. Er versteht sein Fach, aber nicht unser Geschäft, und oft interessiert es ihn nicht einmal wirklich. Optimierung aus einer Teilperspektive hilft einem Kunden nur wenig, wenn er integrierte Lösungen braucht. Hilfreich ist, wenn ich erfahre, wie ich die angebotenen Teilperspektiven mit anderen auch wichtigen Perspektiven vereinbaren und wie es zusammen vorangehen kann. Wer sich darauf nicht einlässt und zumindest Verantwortung für seinen Beitrag zur Integration übernimmt, fällt durch.

Ich stehe also dafür, dass Dienstleister versuchen sollten, der komplexen Gesamtverantwortung ihrer Kunden gerecht zu werden. Das heißt nicht, dass sie alles können müssen, was Unternehmer und Interne können. Aber sie müssen sich um Anschluss bemühen und im Dialog mit dem Kunden klären, ob die spezielle Perspektive, die sie einbringen können, wirklich etwas Entscheidendes bringen kann. Irgendetwas kann man immer machen, Interessantes oder Bewegendes ohne Frage, doch der Kunde steht fast immer in einer Optimierungssituation, in der „interessant" nicht genug ist. Ressourcen und Spielräume sind knapp, und Beiträge von Dienstleistern sollten daher gut integrierbar und umsetzbar in den Alltag seiner Organisation sein. An dieser Werthaltung versuchen wir uns immer wieder zu messen. Für mich ist das die entscheidende Perspektive auf das Ganze. Es ist eine Frage der Kultur.

4. Was meint Kultur?

Kultur holt das Beste der Menschen in den Vordergrund und verknüpft es mit dem Besten anderer.

Derselbe Mensch kann in unterschiedlichen Kontexten sehr verschieden sein. Beispielsweise sind die isb-Curricula so eingespielt, dass sich schnell eine gute Kultur entwickelt. Selbst Leute, die am Anfang nicht sonderlich gut hineinzupassen scheinen, schließen sich an, wenn sie merken, dass diese Kultur gilt und von den anderen bedient wird. Sie müssen mitspielen, wenn sie dabei sein möchten und mit anderen Strebungen schlechte Karten haben. Und siehe da, in ihnen kommen Bereiche ihrer Persönlichkeit in den Vordergrund, die passen. Sie sind dann selbst ganz glücklich, wenn sie diese Seiten mit anderen verknüpfen können und auch die Menschen sein können, die zu dieser Kultur passen. Das leistet Kultur. Dass einzelne diese Kulturleistung aus individueller Kompetenz und Persönlichkeit in einem Umfeld, in dem solche Kultur nicht gestützt wird, erbringen können, ist zu viel erwartet. Einzelne können eingefahrene Systeme nur selten ändern.

Ich habe schmerzhafte Lektionen beim Elternabend gelernt: Ich ging als „Kommunikationsfachmann", als „Spezialist für Bildung und Gruppen" da hin. Natürlich ging ich davon aus, dass man wie gewohnt auf mich hören würde. Und dann bin ich an solchen Elternabenden sowas von eingegangen. Dabei ist mir schmerzlich klar geworden, dass mir mein Können in anderen Kontexten nichts nützt, wenn es nicht gelingt, in diesen komplementäre Reaktionen anderer auszulösen, wenn meine Ideen hier nicht mitgetragen werden. Mir war nicht klar gewesen, wie wenig Talent ich hatte, mich in diesen Kreisen anzukoppeln.

Wirklichkeit ist immer Beziehungswirklichkeit, und nur wenn die anderen mitspielen, entsteht eine gemeinsame Welt. Ich kann noch so gute Ideen haben, und ich wirke doch inkompetent und gerate zusätzlich auch noch ins Abseits. Wenn aber genügend Spieler mit gemeinsamem Kulturverständnis antreten und sich bewusst und unterbewusst die Bälle zuspielen, dann stehen die Chancen besser. Deshalb ist es wahrscheinlich, dass gute Kultur auf alle abfärbt und sich halten kann, wenn entscheidende Spieler aktiv zusammenspielen. Gute wie schlechte Kultur zieht mehr davon nach sich. Wir wissen noch wenig, wie diese Kultur-Mechanismen funktionieren. Aber man muss damit rechnen, dass der größere Teil davon ohne Bewusstsein abläuft und unbewusst gesteuert wird und dass bewusste Gestaltung nur begrenzt Einfluss hat. Man kann Kultur nicht vorschreiben oder von einer PR-Agentur designen lassen und anschließend in Leitsätzen verkünden. „Kultur entsteht durch Kultur, und Beispiele machen Schule" lautet daher ein wichtiger isb-Slogan. Kultur kann man nur durch Kultur erzeugen. Das bedeutet: Man erlebt, wie sie ist und beteiligt sich an ihr, lernt sie zu leben und nach und nach mitzutragen. Kultur kann nicht anders entstehen, weil sicherlich zwei Drittel davon über unbewusste Mechanismen funktionieren. Wir können nur Teilaspekte bewusst herausfiltern. In der Hypnotherapie z.B. kann man lernen, Aspekte ins Auge zu fassen, aber wie alles genau funktioniert, weiß eigentlich keiner. Dennoch gibt es Erfahrungswissen und bewährte Vorgehensweisen zur Förderung besserer Kultur.

5. Kultur, Steuerung und Dialog

Zwischenfrage: „Kultur ist so ein reichhaltiges Thema, und wir haben hier im Raum drei Perspektiven dafür. Einmal die Beratungsperspektive, auf welche Sie näher eingegangen sind. Dann haben wir Unternehmer hier, die im Unternehmen den Takt vorgeben müssen und dann auch Personalentwickler. Sie sagen, Kultur ist eine unsichtbare Kraft. Wenn ich jetzt Unternehmer wäre, würde ich mir ein Spiel wünschen, mit dem ich meine Kultur direkt sichtbar machen kann."

Sicherlich müssen wir dazu spezifizieren und fragen: „In welchen Zusammenhang, für welche Menschen?" Um angestrebte Kultur zur Sprache zu bringen, kann man einfache Fragen stellen, z.B.: „Wann habe ich das Gefühl, wirklich dort zu sein, wo wir sein wollen? Wie sieht diese Situation aus? Wer ist dabei? Wer sollte dabei sein? Wie kann man die Leute dorthin abholen? Was braucht es, um diese Menschen in dieser Kultur zu stärken? (Was, um sie ihnen suspekt erscheinen zu lassen oder zu verderben?)" Man sollte Betroffene miteinander sprechen lassen, darüber, was sie erleben, wie sie selbst ihren Beitrag sehen und sich steuern, wenn sie eine positive Version hinkriegen wollen. Und dann hat man vielleicht positive Kulturbeispiele, an die man anknüpfen kann. Und man kann alternativ fragen: „Wann ist es schiefgelaufen und schwierig geworden, und wer war da auf der Bühne? Was hätte es für wen gebraucht, um ein Kippen zu verhindern?"

Auseinandersetzung mit Kultur ist ohne vertrauensvolle Gespräche auf Augenhöhe kaum denkbar. Es ist nicht ganz einfach, dahin zu kommen, aber man kann an Beispielen erkennen, was die Menschen bewegt. Beispiele beschreiben Kultur, denn Kultur findet im Konkreten statt. Nur was gelebt wird, überzeugt und motiviert. Deshalb ist es auch am besten, wenn man Kultur beispielhaft im Konkreten bzw. in Bildern studiert. Allerdings fängt es da meistens auch schon wieder an schwierig zu werden, denn nicht für jeden sind die gleichen Beispiele relevant. Die Geschäftsführung hat andere Interessen, andere Ebenen im Auge als die Personalentwicklung, als die regionalen Vorgesetzten, als die Mitarbeiter, als die Lohnbuchhaltung usw. Allgemeine Kulturbegriffe sind genauso komplex wie das, wovon sie zu sprechen versuchen. Man muss situativ entscheiden, was einen konkret interessiert, wenn man an Kultur arbeiten möchte. Es führt kaum ein Weg daran vorbei, sich mit dem Kulturthema im Dialog und im Konkreten auseinanderzusetzen. Man kann heutige Unternehmen nicht allein dadurch steuern, dass man sich Vorgaben für irgendwelche Ebenen überlegt und verkündet, so muss das jetzt sein. Ich glaube aber, dass zur Unternehmenssteuerung Kulturpflege gehört, da Kultur die ganze Komplexität der Selbststeuerung einzelner wie auch die Steuerung von Systemen umfasst. Beteiligte prüfen und wollen ein Gefühl dafür haben, ob propagierte Kultur normalerweise gelebt wird, oder nicht. Für Kultur steht ein sich einschleifendes „Fahrgefühl". Wenn dies aus den unterschiedlichen Perspektiven gelingt, dann bekommt man eine von vielen getragene Steuerung durch Kultur für das Unternehmen.

6. Lernen und Kultur

Als Bildungsmensch möchte ich gerne etwas zum Lernen sagen. Viele Unternehmen verstehen erst mal nicht, dass Kultur auch gleichzeitig Lernen bedeutet und sie daher in Sachen Lernen kundig werden müssen. Denn: Jede komplexe Arbeit bedeutet immer auch Lernen. Das meiste Lernen findet in der Arbeitspraxis statt und nicht in Schulungen. Schon deshalb sind die ewigen Transferdiskussionen weniger bedeutend. Es macht wenig Sinn, das Seminarlernen in sich zu optimieren und dann erst Transfer zu leisten. Organisationslernen sollte von vornherein auf Lernen in der Arbeitspraxis ausgerichtet sein.

So bekommen wir andere Perspektiven: Also kein in sich selbst optimiertes Seminarlernen und danach Transfer auf Berufspraxis und Arbeit im Unternehmen, sondern von vornherein Fragen wie: „Wie geschieht Lernen am Arbeitsplatz?" „Wie funktioniert das spontan?" „Wer ist verantwortlich dafür?" „Wer sollte bestimmen, welche Qualifikationen wo benötigt werden bzw. wie notwendiges Lernen gesichert wird?" „Welche Fachleute helfen dabei?" „Gibt es angemessen Ressourcen und Budget?" „Ist Lernen so organisiert, dass es in Arbeits- und Entwicklungsprozessen integriert werden kann?" Wichtig ist, dass man einer expliziten „Arbeitsplatznähe des Lernens" genügend Aufmerksamkeit schenkt. Das dürfte kaum weniger wichtig sein als der durchdachte Einsatz von Medien. Menschen lernen und behalten am ehesten, was sie unmittelbar brauchen können. Dort, wo Lernen unterstützt werden soll, muss berücksichtigt werden, welche Expertise man dafür braucht und wie sie konkret im Unternehmen wirksam werden soll.

7. Neue Gewohnheiten einführen

Aber was machen wir normalerweise? Wir denken in Individualkompetenzen und schicken irgendwelche Leute zu irgendwelchen Schulungen. Dort werden ihnen meist Inhalte und vielleicht Anwendungen vermittelt. Und wenn es gut geht, gibt es noch Transferübungen. Anschließend kommen sie zurück und möchten das Gelernte in ihre Arbeit und in das Leben der Organisation einbeziehen. Vor Ort kann das funktionieren, wenn bereits eine Kultur der Integration solcher Bildungsinhalte entstanden ist und jeder weiß, worum es geht. Aber oft kommt dieser Mensch voller Begeisterung an seinen Arbeitsplatz zurück und versucht dieses neugelernte Lied auch in seiner Abteilung zu singen, während alle anderen immer noch beim Alten sind. Kaum jemand kann so überzeugend singen, dass genügend andere auf ihn hören und sich in das neue Lied einschwingen. Neue Kulturelemente einzuführen ist schwierig, insbesondere, wenn man auf wenig Motivation, auf alte Gewohnheiten, auf Stress und den Wunsch stößt, möglichst ungestört gewohnte Leistungen zu erbringen. Auch Macht stattet nur begrenzt aus, diese Hindernisse zu überwinden und andere zum komplementären Handeln zu bewegen. Die Multiplikation von Kultur innerhalb einer Organisation ist eine ganz eigene Kunst. Für die meisten Bildungsanliegen ist das Modell, Individuen in Einzelschulungen zu schicken, überholt. So auch am isb, allerdings versuchen wir dabei, unsere (Lern-) Kultur so zu vermitteln, dass damit in der Organisation gemeinsam mit anderen weitergelernt werden kann.

Also: Lernen "on the job" oder "near the job". Deshalb sind Outdoor-Experimente, bei denen Menschen außerhalb ihrer Rolle, außerhalb des Jobs ein besonderes Kulturerlebnis geboten bekommen, fragwürdig. Das kann toll sein, und man kann auch viele persönliche Erkenntnisse daraus ziehen. Aber wie hoch ist die Wahrscheinlichkeit, dass diese am Arbeitsplatz, in der Rolle, in den Arbeitsbezügen, in der üblichen Kultur zur Geltung kommen? Ich bevorzuge, dass sich Menschen anhand von realen Aufgaben, mit realen Partnern, mit denen sie auch danach zusammenarbeiten, gemeinsame extra Lernzeit nehmen.

Das bedeutet jedoch nicht einfach nur das Fortsetzen der Arbeit an anderem Ort, sondern in erster Linie gemeinsames Lernen. Man kann dabei Beispiele aus der alltäglichen To-Do-Liste nutzen. Jedoch gilt: Gütekriterium beim Lernevent ist nicht das Ergebnis in der Sache, sondern der Fortschritt im Lernen. „Gib einem Hungrigen einen Fisch, dann hat er für eine Mahlzeit. Lehre ihn angeln, dann hat er für lange." Am besten kann man die Steuerung jedes Einzelnen und die Arbeit Hand in Hand verbessern, wenn alle gleichzeitig und gemeinsam lernen. Zusammen haben sie eine gewisse Chance, gegen die alten Reflexe im Alltag genügend neue Stimuli zu setzen und so neue Kultur aufrechterhalten zu können. Wenn man das als Konzept umsetzt, muss man eine erhebliche Anfangsinvestition machen, denn die Rückziehkraft der alten Reflexe ist groß. Jeder, der z.B. abnehmen, weniger Wein trinken oder andere Laster loswerden möchte, weiß das. Den ersten Aufschlag machen ist nicht die Kunst, sondern das Durchhalten. Am Anfang braucht es ziemlich viel Aufmerksamkeit, bis eine gewisse Routine bezüglich des Neuen entsteht, und dann braucht es Monate, bis alles so gewohnt ist, dass es keine Kraft mehr kostet und man nicht mehr darüber nachdenken muss.

Das gilt schon für Verhaltensweisen, die man alleine verantworten kann und ist noch komplexer, wenn sich viele gemeinsam verändern sollen. Wie viel Pflege und Anfangsinvestition Kultur braucht, wird deutlich unterschätzt. Kultur lernen benötigt Beispiele, die möglichst nah an den realen Verhältnissen sind, für die gelernt wird. Die Personen, mit denen gemeinsam eine neue Performance erzeugt werden soll, brauchen relativ lange, bis sie darin versiert sind, sich untereinander bei der Entwicklung und Erhaltung von neuen Kulturelementen zu helfen.

8. Integration in den Alltag

Frage: „Ich bin Führungskraft, ich habe meine Mitarbeiter täglich zu führen und habe auch sonst mein tägliches Geschäft. Ich muss mir zur Strategie Gedanken machen und einen Report abgeben. Und dann noch das Thema Kultur? Sie sagen, es braucht viel Zeitinvestition, um Kultur zu verändern. Wo soll ich das unterkriegen?"

Antwort: Das hört sich an, als wäre Kultur in erster Linie etwas Zusätzliches. Aber das muss es nicht sein, wenngleich der Fokus Kultur zumindest zeitweilig zusätzliche Aufmerksamkeit erfordert.

Wenn Sie sich um Kultur bemühen möchten, dann kann

man Beispiele aus den Bereichen nehmen, die Sie gerade genannt haben: Mitarbeiterführung, Umgang mit Strategie, Teamleitung und zusätzlich reale Aufgaben.

Ich skizziere, wie das aussehen könnte: Wir nehmen uns zunächst gemeinsam Zeit, zu diesen Punkten Beispiele zu diskutieren, die das Erleben der Beteiligten zur Sprache bringen. Anschließend kann man ein Teilprojekt auswählen und zum Beispiel im Fishbowl-Design bearbeiten: 3 bis 4 Leute, die dort wesentliche Verantwortung tragen, diskutieren unter dem Gesichtspunkt Strategie, Führung und Kooperation. Die anderen sitzen außen mit Beobachtungsaufgaben. 1 bis 2 Stunden wird nun das Beispiel im Innenkreis diskutiert. Neben dem, was verhandelt wird, kann man erleben, wie alle dabei miteinander umgehen, welche Beiträge zur Geltung kommen und welche herunterfallen. Wenn die Beteiligten mit solchen Reflexionen noch wenig Erfahrung haben, sollten sie vielleicht durch einen Berater unterstützt werden, der dabei hilft, alles auf ein geeignetes Gesprächsniveau zu heben. Das können die Beteiligten sicherlich irgendwann selbst, aber am Anfang kann es gut sein, wenn sie hier noch etwas Hilfestellung bekommen. Danach gehen die Außensitzenden in Untergruppen und tauschen aus, was sie beobachtet haben. Dies kann durch strukturierende Fragen unterstützt werden, wie z. B. „War das typisch, war es untypisch?" „Wie hat sich alles entwickelt und was war dabei entscheidend?" Die Beobachter geben anschließend Resonanz an das Team, sagen, was ihnen bei deren Austausch aufgefallen ist und parallel, wie sie die eigene Untergruppenarbeit sehen, wo sie den Umgang miteinander überzeugend fanden und wo nicht. Dann reflektiert die Innengruppe die erhaltene Resonanz und ihr eigenes Erleben.

Zum Abschluss sprechen alle im großen Kreis über die Erfahrung und Merkpunkte für sich selbst. Beim nächsten Mal sind dann ein anderes Teilprojekt und eine andere Fischbowl-Gruppe an der Reihe. Wenn sowieso anstehende Klärungen bewusst als Lernbeispiele genutzt werden, kostet Kulturdialog nur teilweise und anfänglich zusätzliche Kraft. Also ja: Am Anfang Zusatzinvestition an Zeit und Aufmerksamkeit. Diese wird durch den Abbau von Effizienzverlusten jedoch bald wieder reingeholt. Zunehmend geht es darum, tägliche Wirklichkeitsbewältigung mit Lernerfahrungen zu erweitern.

Wenn Reflexionen, die ungewohnt sind, am Anfang expliziter sind, lernt man leichter parallel auf einer Meta-Ebene mitzudenken. Vielleicht kann der Austausch zunächst auch ganz kurz sein: „Wie war es eigentlich heute? Wie haben wir das gemacht? Da wollten wir doch etwas Neues probieren. Sind wir an dieser Stelle vorangekommen? Haben wir da überhaupt noch dran gedacht?" usw.

Zu diesem Thema können Sie im Buch „Systemische Organisationsentwicklung"[4] einiges nachlesen.
Anfänglich sollten eigene Lern-Events neben der Bewältigung des normalen Geschäfts geschaffen werden. Für die, die ohnehin schon viel bewältigen müssen, kommt nun Lernen dazu und wie es organisiert werden kann.

---

[4] Schmid, B. (2014). Systemische Organisationsentwicklung - Change und Organisationskultur gemeinsam gestalten. Stuttgart: Schäffer-Pöschel. shop.schaeffer-poeschel.de/prod/systemische-organisationsentwicklung

Allerdings kann man erwarten, dass diese Investition sich in problemloseren Abläufen bald amortisiert.

Eventuelle beraterische Unterstützung kann man sich von extern oder aus dem Unternehmen dazuholen. Der Lernexperte im Haus erspart teure Berater. Hierzu kann man einige Mitarbeiter als Lernunterstützer weiterentwickeln. Expertise in Sachen Lernen wird ohnehin zunehmend zur Qualifikation von Professionellen und zur Aufgabe von Führung gehören. Denn bei jeder komplexen Aufgabe sind wir ständig am Lernen und müssen überlegen, wie wir dafür sorgen können, dass jeder lernt und so lernt, wie es die Aufgaben, das Zusammenspiel und die Kultur des Unternehmens erfordern. Und man muss dafür sorgen, dass auch dort gelernt wird, wo das nicht von selbst geschieht. Organisationsentwicklung braucht separate Gelegenheiten, um draufschauen zu können, ob die Leute, die zu Neuinszenierungen beitragen wollen, die richtigen sind und sich entwickeln. Man kann dadurch herausfinden, ob die richtigen Leute an Bord sind und ob sie genügend Lernfortschritte machen, um die Organisationsentwicklung auch genügend voranzubringen. Stattdessen wird oft schon mal eine Schnellpositionierung in Sachen Strategie und Positionsbesetzung versucht. Aber der Gedanke „Lernen können wir später und die Kultur ziehen wir auch später noch ein" funktioniert nicht. Wenn die Falschen gesetzt sind und sich problematische Kultur-Reflexe eingeschliffen haben, ist das schwer zu korrigieren. Deswegen ist es wichtig, Kultur vorrangig zu berücksichtigen, wenn es eine Art Neuentwicklung geben soll.

Von Anfang an sollten die Vorgehensweisen der Kultur

entsprechen, die man am Ende haben möchte. Mit einer minderwertigen Kultur anzufangen und die bessere dann später einzuziehen funktioniert nicht. Kultur liegt auch im Wie und muss von Anfang an gemeinsam entwickelt werden. Quick and dirty stays dirty.

9. Metapher: Versuchsgärten

Was tun, wenn Pläne für eine Organisations- und Kulturentwicklung zwar existieren, aber angesichts von Ausgangslage, vorhandenen Lerngewohnheiten und Steuerungskompetenz für Lernen schon im Kleinen nicht verwirklicht werden können? Paradoxerweise ist oft eine Flucht in die großen Dimensionen zu beobachten. Treffe ich auf solche illusionären Vorstellungen, sage ich: „Willst Du unternehmensweite Kulturentwicklung, lege zunächst ein Versuchsgärtchen an!". „Wo ist ein Bereich, der für das, was neu sein soll, wichtig ist? Haben wir dort relativ gute Bedingungen, um auszuprobieren, wie das Neue sein könnte?" Und dann sollte man erst sehen, dass man es in kleinem Rahmen auf die Reihe bekommt. Bevor man groß tönt, dass man gleich alles neu machen möchte, sollte man erst schauen, was praktisch wirklich funktioniert. Damit setzt man sich auch nicht unnötig unter Druck, sondern lässt buchstäblich Spiel-Raum. In einer Großgärtnerei, die ansonsten arbeitet wie immer, legen wir ein Versuchsgärtchen an und schauen, ob wir die neuen Anbaumethoden hinbekommen. Das ist oft schon anspruchsvoll genug. Man braucht Zeit für Studien, um aus Fehlern lernen zu können. Unnötige Publicity erzeugt zusätzlich

Druck. Lieber nicht schon herumposaunen, wenn die Tomaten blühen. Wenn sie reif sind und schmecken, spricht sich das meist von selbst herum. Nach gelungenem Experiment muss auch geprüft werden, ob die neue Anbaumethode wirklich auch auf andere Bereiche der Gärtnerei übertragen werden kann. Vielleicht sind woanders andere Bedingungen zu beachten und Varianten zu entwickeln. Nicht jede Treibhausanzucht gedeiht im Freiland. Wenn dann letztendlich etwas wirklich funktioniert hat, dann gerne Publicity.

Kultur kann man nicht wie einen Teig auswalzen, sondern muss sie sorgsam durch Kultivierung vermehren. Kultur breitet sich aus, wenn schrittweise immer mehr Menschen einbezogen werden. Durch Miterleben und zunehmendes Mitgestalten und Mitfördern lernen alle Kultur mitzutragen und das Gelernte wiederum anderen beizubringen. Es handelt sich also eher um organisches Wachstum. Das ist natürlich eine schlechte Botschaft für Leute, die sich große Lösungen sofort wünschen. Hier kommt es zu Paradoxien: Je schlechter ein Unternehmen drauf ist, desto wahnwitziger die Vorstellungen, wie schnell es sich verändern könnte. Trotz einem Verständnis dafür, darf man sich nicht in Illusionen einbeziehen lassen und muss dann in manchen Fällen kritisch Stellung beziehen: „Tut mir leid. So geht es nicht. Für solide Versuche stehe ich aber gerne zur Verfügung".

Frage: „Widerspricht das Bild der Versuchsgärten nicht der Aussage, dass Kultur von oben herunter gelebt werden muss?"

Antwort: Nein, das widerspricht sich nicht, denn auch das ist wahr: „Organisationsentwicklung ist Chefsache oder findet nicht statt." Das gilt genauso für Kulturentwicklung. Die Frage ist jedoch, wie man Kultur einführt, wenn man die obersten Chefs nicht erreicht. Dafür gibt es kein allgemeines Schema, aber man kann immer schauen, ob es einen Bereich im Unternehmen gibt, den man genügend abgrenzen kann, um eine Studie zur Kulturentwicklung zu starten. Wichtig ist nur, dass diejenigen, die dort die Macht haben, genügend Chef sind, um die neue Kultur mit- und vorleben zu können und zu wollen. Manchmal wird eine solche Entwicklung von anderen skeptisch beäugt. Um solche störenden Einflüsse zu vermeiden, versuchen manche, subversiv voranzukommen. Doch das muss man sich gut überlegen. Erst einmal wird man vielleicht in Ruhe gelassen, was auch nützlich sein kann, aber in dem Augenblick, in dem das U-Boot auftaucht, gibt es vielleicht größere Probleme, als wenn man transparent rangegangen wäre. Die offene Frage nach einer vernünftigen Taktik ist nicht leicht zu beantworten. Riskant ist auch der positive Fall: Wenn andere die Studie toll finden, wollen sie sofort dasselbe haben oder sich gar auf kurzem Wege der Sache bemächtigen und flächendeckend ausrollen. Zum Hype stilisiert, kann eine Kulturinitiative leicht abstürzen, weil sie überspannten Erwartungen nicht genügen kann.

Es gibt für das Verhältnis Versuchsgarten und Großgärtnerei keine Patentlösung. Man muss im Einzelfall sehen, ob es eine plausible Insellösung gibt und ob es Sinn macht, diese weitergehend auszurollen oder eben nicht. Wenn dabei im Unternehmen nicht ein Minimum an Vernunft möglich ist, dann muss ich sagen: „Es tut mir leid, ich kann nichts für euch tun." Allein dadurch, dass man Mächtige an Bord hat, ist man noch nicht auf der sicheren Seite. Wenn Mächtige keinen direkten Draht zu den Menschen haben, die das alles mitgestalten, dann hilft die Macht wenig. Mit Macht kann man zwar Kontrolle ausüben, aber keine Kultur verordnen. Das geht nur mit gemeinsamem Leben von Kultur.

10. Zusammenspiel OE und PE

Jeder lernt, die Sache ist also nicht neu. Neu ist eher die Unabweisbarkeit der Einsicht, dass wir für gemeinsames Lernen Knowhow und Arbeitsformen weiterentwickeln und Lernräume im Unternehmen schaffen müssen. Dabei sind zwei verschiedene Ebenen der Einführung zu unterscheiden: „Wie geht das, wirklich gut voneinander lernen?" Und: „Wie bringt man kollegiales Lernen im Unternehmen gut ein?"[5] Ersteres kann auch in Lerngruppen außerhalb des Unternehmens gelernt werden. Letzteres ist mehr eine Frage von OE in einem bestimmten Unternehmen unter dem Gesichtspunkt Lernen. Wird dort ein Organisationsentwicklungsprozess angesetzt, dann ist es vernünftig, wenn von vornherein Lernräume eingeplant werden und geklärt wird, wer diese wie gestaltet. Es macht wenig Sinn, wenn OE und OE-Lernen in verschiedenen Händen liegen. Es gibt anlässlich einer Organisationsentwicklung oft überwältigend viel zu lernen. OE und das

---

[5] Schmid B., Veith T. u. Weidner I. (2010). Einführung in die kollegiale Beratung, Heidelberg, Carl-Auer Compact.

Lernen dabei sollten gemeinsam gestaltet werden, sonst funktioniert es nicht. Gleichzeitig kann man ja nicht den ganzen Tag allein mit Lernen verbringen, sondern möchte auch die Entwicklung von Strukturen und Prozessen voranbringen. Das heißt, es gibt nur einen gewissen Raum im OE-Prozess, bei dem man Lernen in den Vordergrund stellen kann. Damit dies klug und verträglich geschieht, müssen die Verantwortlichen für den OE-Prozess auch in Bezug auf gemeinsames Lernen vorgebildet sein.

Unternehmensgeeignete Vorbildung für OE und Lernen ist die Aufgabe der Personalentwicklung. Zusammen mit OE-Verantwortlichen sollte eine Strategie entwickelt werden. Dazu als Leitfrage: „Was müssen Schlüsselfiguren, die bei uns für Organisations- und Kulturentwicklung wesentlich sind, können?"

Zu diesem Können gehören aufeinander abgestimmte Kommunikationsfähigkeiten und eine gemeinsame Kommunikationskultur. Man braucht dafür ein eigenes Portfolio mit Konzepten, Begriffen und Vorgehensweisen. Würde jeder mit einem anderen Ansatz kommen, so wie er das irgendwo gelernt hat, dann bräuchten alle erst einmal viel Zeit, um die gröbsten Missverständnisse zu beseitigen. Wenn man gemeinsam singen will, sind ein gemeinsames „Liederbuch" und allen bekannte Singübungen ratsam. Deswegen empfehlen wir denen, die nachher mitsingen könnten, ein unternehmensspezifisches Portfolio aus einem ganzheitlichen Lernansatz. Jeder sollte lernen, gemeinsame Lernformen in Szene zu setzen, bei Bedarf weiterzuentwickeln und sich dabei mit anderen zusammenzutun, die ähnliche Prägung erfahren haben.

Zueinander passende und gemeinsame Vorbildungen können sofort Synergieeffekte freisetzen. Wir hören oft, dass sich isb-Absolventen, die sich, ohne voneinander zu wissen, im Unternehmen treffen, an der wechselseitigen Anschlussfähigkeit schnell merken, dass sie vergleichbare Vorbildungen hatten.

11. Beispiel Verantwortungsklärung

Nehmen wir an, in einem Team wären Verantwortungen zu klären und wir nutzten dafür das Verantwortungskulturkonzept, das am isb gelehrt wird:[6]
Am isb wird ein Team als Verantwortungsgemeinschaft definiert. Einzeln und im Zusammenspiel muss geklärt werden, welche Antworten man geben will, kann, darf und muss. Zwar verteilt, aber doch gemeinsam, muss auf Fragen Antworten gegeben werden. Gehen wir davon aus, alle haben dieses Konzept und entsprechende Dialoge als Vorbildung schon kennengelernt. Dann vergegenwärtigt man sich für eine aktuelle Klärung im Team kurz das Schema und damit einen gemeinsamen Rahmen für Dialoge zu der Verantwortung, um die es gerade geht. Jeder weiß dann, dass Verantwortung nicht irgendwie diskutiert wird, sondern aus der Sicht jedes Einzelnen in allen vier Dimensionen. Abwechselnd werden Klärungen und Abstimmungen in Verantwortungs-Dialogen moderiert. Bei Bedarf wird der Prozess von Klärung und Abstimmung

---

[6] www.isb-w.eu/campus/de/schrift/Kap.-3-Gemeinsame-Verantwortung---isb-Handbuch-2019SB0153D

selbst gemeinsam reflektiert. Dabei greifen alle auf das gleiche Repertoire von Konzepten und Vorgehensweisen zu. Alle kennen die Rollen, die Arbeitsformen sowie die Abläufe und müssen nicht erst untereinander abklären, wie man so etwas überhaupt angeht. Welche Inhaltskonzepte und welche Lernformen sollten zumindest die Schlüsselfunktionen im Unternehmen kennen? Eine entsprechende Vorbildung sollte strategisch im Vorfeld von der Personalentwicklung geleistet werden.

12. Reifegradbestimmung

Wenn Bildungsstand oder Reifegrad einer Person für die zugewiesene Verantwortung ungeeignet sind, stehen die Chancen schlecht[7]. Manchmal kommen solche Menschen mitten in einem schon begonnenen OE-Prozess in ein OE-Curriculum und hoffen, schon in kurzer Zeit alles Versäumte nachholen zu können. Doch sind die Möglichkeiten sehr begrenzt. Wenn jemand in einem Auslandseinsatz merkt, dass er den Sprachanforderungen seiner Aufgabe nicht entspricht, erwartet auch niemand, dies mit einem schnell angesetzten Crashkurs lösen zu können. Komplexere Kompetenzen brauchen ihre Reifezeit. Fehlende Grundausstattung kann auch eine kompetente und engagierte Weiterbildungsgruppe nicht kurzfristig nachreichen. Hin und wieder erwarten Teilnehmer Unmögliches und setzen sich, andere Teilnehmer und den

---

[7] www.isb-w.eu/campus/de/schrift/Kap.-6-Kompetenz-und-Professionalität---isb-Handbuch-2019SB0156D

Weiterbildungsanbieter damit unter Druck. Wenn diese versuchen, das zu bedienen, überfordern sie sich. Deswegen schalten wir vor bestimmte Lernprozesse in der Weiterbildungsgruppe einen Reifegrad-Check. Der Reifegrad-Check dient der Einschätzung, von wo man startet und wie weit man bestenfalls im möglichen Lernschritt kommen kann. Hierbei wird der Reifegrad des Protagonisten, für den ein Lernprozess in der Gruppe aufgesetzt werden soll, eingeschätzt, ebenso der Reifegrad der Organisation, für die er lernt. Dieser Doppel-Check ist wichtig. Denn: Manchmal sind Leute zwar persönlich schon so gereift, dass große Schuhe passen könnten, doch die Organisation bietet nicht die Voraussetzungen, dass er damit richtig gehen könnte. Der Reifegrad der Organisation als Voraussetzung für erfolgreiches Wirken und schnelles Dazulernen kann zu gering und nicht auf die Schnelle zu erhöhen sein. Wenn man merkt, dass jemand über eine Weiterbildung hinaus akut Bedarf hat, empfiehlt sich eher ein spezifisches Einzelcoaching. Dieses kann manches kompensieren und helfen, Überforderung und Burnout zu vermeiden.

13. Metapher: Springreiten lernen

Ich habe die Thematik, dass es auf den Reifegrad des Individuums und der Organisation ankommt, mit der Springreitermetapher zum Ausdruck gebracht:

Ich lernte als Jugendlicher Springreiten[8].

Mein Lehrer, ein Ex-Kavallerist, sagte zu mir: „Hier ist ein Cavaletti, (ein 40cm hohes Balkenhindernis). Reite darauf zu, beuge dich ein bisschen nach vorne, damit du dem Pferd nicht im Kreuz sitzt, und dann spring drüber." Ich galoppierte also mit dem Pferd auf das Hindernis zu, bereit zum Springen. Aber Abruzze, so hieß mein Pferd, stemmte kurz vor dem Sprung beide Vorderbeine in den Boden, zog den Kopf nach unten und verweigerte. Der Einzige, der auf der anderen Seite landete, war ich. Das nächste Mal dachte ich: „Na warte!" und hängte mich ganz hinten rein, als das Pferd auf das Hindernis zu galoppierte. Wieder Beine vorne rein und Kopf nach unten, doch ich hielt mich oben. Dann sprang Abruzze aber doch - in einem ungelenken Bocksprung. Ich saß hinten auf der Schleuder und flog diesmal noch weiter. So ging das einige Male. Was ich nicht wusste und erst dabei lernte: Springen ist kein natürliches Verhalten von Pferden. Sie müssen das genauso lernen wie die Reiter. Und mein Pferd konnte es eben auch nicht. Weil ich Hoffnungsträger des Reitvereins war, stellte man mir dann einmalig ein geschultes Pferd zur Verfügung, und da war alles ganz anders. Mein Reifegrad als Springreiter nahm schnell zu, da nun der Reifegrad des Systems, das ich zu steuern hatte, hoch war. Doch dann wechselte ich wieder zurück auf Abruzze und tat mich wieder sehr schwer.

Manchmal quälen sich Professionelle, wenn sie den

---

8 www.isb-w.eu/campus/de/schrift/Kap.-4-Gemeinsame-Führung--isb-Handbuch-2019SB0154D

geringen Reifegrad ihres Feldes als ihr persönliches Kompetenzdefizit erachten. Wenn der Reifegrad eines zu steuernden Systems hoch ist, kann sich das Ergebnis dramatisch von dem Ergebnis unterscheiden, das erzielt wird, wenn dieser Reifegrad niedrig ist und durch das Können einzelner kompensiert werden soll. Beide Reifegrade, die des Individuums und die des Systems, sind also zu unterscheiden und in Beziehung zueinander zu sehen. Ich habe über diese Erkenntnis vor ca. 30 Jahren einen Aufsatz geschrieben: „Neue Besen leiden oft!": Da machen sich Neuerer mit vielen Vorschusslorbeeren ans Werk, durchaus mit ganz tollen Ideen, scheinbar mit Macht und Unterstützung ausgestattet. Doch unterwegs werden sie erst subtil und dann offen ausgebremst. Von der vermeintlichen Macht bleibt wenig, und sie haben ihre Wirkmöglichkeiten überschätzt, da weder sie noch das System so schnell lernen können und das manchmal auch nicht wollen. Genauso wie der Reifegrad von Individuen muss der Reifegrad von Systemen umsichtig entwickelt werden.

Reifegrad meint - damit das nicht moralisch daherkommt - „ready for". D. h., wenn man fehlende Reife feststellt, dann bedeutet das nicht „charakterlich minderwertig", sondern „nicht angemessen vorbereitet". Ein Beispiel: Ich gehe auf eine Bergwanderung mit hohem Schwierigkeitsgrad und denke: „Das muss doch gehen". Doch dann mache ich ein paar Probeläufe und stelle fest: Die Ausrüstung genügt nicht, Kondition und Erfahrung auch nicht. Also stimmt der Reifegrad für mich nicht.

Ein weiteres Bild: Da ist einer eigentlich ein ordentlicher Kletterer, bemerkt aber, dass der Klettersteig nicht angemessen vorbereitet ist. Es gibt kaum Haken oder Seile und auch sonst nicht ausreichend Kletterhilfen. Der Reifegrad des Systems, in dem er seine persönlichen Kompetenzen zum Ausdruck bringen könnte, ist auf einem weit niedrigeren Stand als gedacht. Er müsste also unterwegs erst mal Seile spannen, Haken setzen und so weiter. Klar, dass ein Aufstieg dann ganz andere Herausforderungen mit sich bringt bzw. unmöglich sein kann.

Ich verwende solche Metaphern, um klar zu machen, was wahrscheinlich jeder schon aus eigener Erfahrung weiß: Wir haben oft völlig überzogene Vorstellungen von dem, was leistbar ist. Sowohl für Individuen als auch für Systeme gilt: Erst wenn man realistisch bescheiden einerseits und realistisch anspruchsvoll andererseits geworden ist, kann man realistische Entwicklungen besser bewirken.

14. Qualitativer Transfer

Es gibt einen sogenannten „qualitativen Transfer". Wenn Menschen eine neue Qualität im Umgang miteinander und in einem gemeinsamen Prozess erfahren, sind sie oft berührt und werden durchlässig für neue Impulse von innen und außen. Oft werden durch kundige Anleitung neue Steuerungsgesichtspunkte verstehbar: „So habe ich das noch nie gesehen. Das beachte ich normalerweise gar nicht. Wenn das so gehen kann, dann sollte ich so noch andere Menschen zu mir wichtigen Fragen ansprechen." Wenn diese anderen Menschen eh schon mit im Raum sind und eine ähnliche Erfahrung gemacht haben, steigen danach die Chancen, dass es zu einem hochwertigen Zusammenspiel kommt. Vielleicht kann man mit ihnen an anderen Beispielen aus gemeinsamer Verantwortung direkt eine andere Art der Klärung und Abstimmung proben.

Und wenn dann im Alltag diese Menschen zusammenarbeiten, funktioniert das auch noch in ihrem Organisationszusammenhang. Wenn ich dieselbe Erfahrung in einem Seminar mit Teilnehmern von überall her mache, dann treffe ich meine Mitspieler am Montag nicht wieder. Vielleicht hält meine Ergriffenheit, solange alles noch frisch ist. Aber am Mittwoch vielleicht schon nicht mehr. Alte Routinen gewinnen schnell wieder die Oberhand. Gerade Neues, das nicht täglich geübt wird, geht leicht unter. Das Gewohnte hat einen Selbstverständlichkeitsbonus, während sich das Ungewohnte beweisen muss. Gegen Widerstand ist aber gerade ein solcher Beweis schwer zu erbringen. Das heißt, wir brauchen genügend lange und gemeinsame Einübung in Neues, um auf einer neuen Schiene bleiben zu können. Will man dann noch andere einbeziehen, braucht man erst recht geeinte Kräfte und schon stabile neue Gewohnheiten. Denn die anderen kommen mit ihren alten Gewohnheiten und können bewusst oder unbewusst die neuen Erfahrungen unterminieren. Die Plausibilität neuer Erfahrungen hängt auch von Vorschuss und Unterstützung ab. Bei Gegenwind lässt sich Begeisterung schwer vermitteln und kann wie Schnee in der Sonne schmelzen. Dann fehlt die Kraft, den Plausibilitäten des alten Systems genügend entgegenzusetzen.

Frage: „Wenn ich mich als Berater selbst reflektiere, sehe ich Situationen, in denen ich genaugenommen zum

Schluss komme, dass mein Reifegrad unzureichend ist. Ist es legitim zu sagen: Ok, ich nutze die Chance dennoch, um was für mich zu lernen! Oder müsste ich mich zurückziehen, den Ball abgeben und mir einen anderen Raum zum Lernen suchen?"

Antwort: Es gibt Berater, die stellen sich einer Aufgabe, gerade weil sie keine Ahnung haben und sind stolz, zu kreativen Ergebnissen gekommen zu sein. – Wenn das so gelingt und ihre Einschätzung stimmt, dann können sie sich glücklich schätzen. Aber wichtig ist erstens, dass Sie zu realistischen Einschätzungen in der Lage sind und dass Sie abschätzen können, ob das dem Kunden und Mitstreitern so zumutbar war. Denn als Berater ist man meistens nicht alleine, sondern es stellt sich zusätzlich die Frage, ob die beteiligten Systeme da mitkönnen. Oft werden auch Risiken, Kosten und Nebenwirkungen, die man eigentlich verantworten müsste, ausgeblendet. Im Normalfall plädiere ich dafür, mit dem Kunden ehrlich zu sein und manchmal ist der beste Dienst, dabei zu helfen, einen Auftrag woanders zu platzieren. „Ich bin Spezialist für das und das und das kann ich auch, denn da und da habe ich Erfahrung gesammelt und sehe einen solchen Bedarf auch bei Ihnen. Bei einer umfassenderen Beauftragung könnten noch eine Reihe von Dingen auf uns zukommen, von denen ich nicht weiß, ob ich angemessen damit umzugehen in der Lage sein werde. Wenn wir merken, wir beide können die aufkommenden Themen nicht in einer vernünftigen Zeit bearbeiten, müssen wir darüber nachdenken, ob wir z. B. noch jemand hinzuziehen können, um weitere Expertise zu gewinnen. Es könnte sich herausstellen, dass tatsächlich eine andere Spezialisierung von Beratung besser wäre. Ich würde mich dann durchaus auch zurückziehen und die Arbeit übergeben." Ich plädiere an dieser Stelle für Beraternetzwerke, damit alle, die sich irgendwie spezialisieren - die einzelnen Freiberufler, aber auch Beratungseinrichtungen -, lernen sich zu vernetzen.

Teilnehmer: „Deswegen sind wir ja hier. Ich versuche auch, zumindest für ein Vorgespräch, viele an einem Problem Beteiligte zusammenzukriegen und dafür zu sorgen, dass die Richtigen damit befasst werden".

Das ist super! Aufträge qualifiziert weitergeben, das machen nicht viele.

15. Beratung - jenseits von Vier-Augen-Gesprächen

Berater finden es meist einfacher, mit einer Einzelperson zu besprechen, was sie bewegt und sich ganz auf deren persönliche Anliegen und Sichtweisen einzulassen, ohne sich der unternehmerischen Komplexität des Umfeldes zu stellen. Denn man müsste dann auch andere Formen der Zusammenarbeit zwischen Individuen, Unternehmen und externen Dienstleistern entwickeln mit entsprechenden Geschäfts- und Abrechnungsmodellen, gemeinsamer Supervision und so weiter. Das ist ein dickes Brett, aber ohne das können wir komplexe Aufgaben von Unternehmen kaum bedienen, da die meisten Anbieter zu klein sind, nicht genügend Knowhow und Erfahrung haben, sich nicht ausreichend in Branchen auskennen und und und.

Selbstverständnisse, Anbieterstrukturen, Produkte und Marktauftritt müssen erheblich weiterentwickelt werden, wenn Berater mehr als ein Reparaturbetrieb für Individuen sein wollen. Da ist unser Berufsstand noch ziemlich am Anfang.

Einwand: „Ist ja auch total unglaubwürdig, wenn jemand heute behauptet, alles zu können."

Teilnehmer: „Ich bemühe mich schon um einen Rollenwandel. Aber aus einem Beratungsgespräch ist das schwierig. Ich komme ja meistens über das Training. Da sieht zunächst niemand in mir einen Gesprächspartner für übergeordnete Fragen."

Antwort: Klar, man muss dort anfangen, wo man Anknüpfungspunkte hat. Wichtig dabei ist, nicht nur in die eingeschlagene Richtung, sondern auch ins Umfeld und viel in den Rückspiegel zu blicken, um dazuzulernen und Gelegenheiten zur Öffnung der Perspektiven zu nutzen.

16. Alte oder neue Teams?

Teilnehmer: „Wie ist Ihre Erfahrung: Inwieweit ist es realistisch, eine neue Art von Lernprozess in bestehenden Strukturen zu inszenieren? Oder muss es nicht eine neue Aufgabenstellung, ein neues Team, eine neue Mitarbeiterkonstellation sein, um so einen Prozess auszulösen? Ist es nicht unrealistisch, mit einer Abteilung, die seit 10 Jahren in der gleichen Konstellation arbeitet, einen Veränderungs- oder Lernprozess zu beginnen, ohne dass sich die

Aufgabenstellung oder irgendwo sich etwas dramatisch ändert?

Antwort: Das ist eine wichtige Frage, und ich habe keine allgemeine Antwort dazu. Da muss ich dann mehr wissen, um was und wen es sich handelt? Manchmal sind die Einzelnen in solchen Abteilungen eigentlich tolle Typen, nur zusammen sind sie so in Gewohnheiten gefangen, dass sie ihrer selbst überdrüssig sind. Da könnte das Potential für einen Wendepunkt liegen. Man müsste das dann mutig und offen besprechen und dann ein halbes Jahr lang schauen, ob signifikante Entwicklungen möglich sind oder nicht: Also weniger feste Vornahmen als gemeinsames Studieren und Experimentieren! „Zwischenrein und spätestens nach einem halben Jahr verabreden wir uns zu den gleichen Fragen nochmal." Diese Erwartung hält die Aufmerksamkeit wach.

Im Prinzip ist es natürlich immer leichter, etwas Neues mit neuen Leuten aufzumachen, wenn man dabei von vorneherein die gewünschte Kultur einführen kann. Das kennt man privat auch aus Partnerschaft oder Freundschaft. Wenn mein Kultureinfluss auf diese neue Konstellation prägend ist, und wenn man nicht gegen eingespielte alte Reflexe angehen muss, ist es zunächst leichter. Doch auch hier sollte man die Sogkräfte in alte Kultureigenheiten nicht unterschätzen. Wie oft hat man erlebt, wie sich nach einer Phase des Aufbruchs das alte Spiel bald auch mit neuen Partnern durchsetzt. Und man kann ohnehin selten wirklich neu starten, und auch neue Systeme haben ihre Herausforderungen. Es wäre also besser, den Sonderfall des Neuanfangs nicht zum Maßstab zu machen, sonst

geraten Erwartungen an die Weiterentwicklung einge-
spielter Systeme zu hoch.

Das sind wichtige Gesichtspunkte, die man dann im konkreten Beispiel diskutieren muss. Ich empfehle folgende
Haltung: Lasst uns das bestmögliche Experiment probieren. Lasst uns dafür etwas Zeit zum Studieren geben und
alle in die Verantwortung nehmen. Anschließend können
wir gemeinsam entscheiden, ob wir irgendwo hingekom-
men sind oder nicht. Wenn man in einem halben Jahr gar
keinen Fortschritt gemacht hat, dann wird man in zehn
Jahren auch keinen machen. Das muss man klar sagen und
das Experiment wirklich ergebnisoffen starten. Scheitern
und geläutert neu starten ist in unseren Gefilden nicht so
akzeptiert, wie zum Beispiel in den USA. Gleichzeitig darf
man den Zauber eines möglichen neuen Anfangs nicht völlig vernichten. Und oft waren es rückblickend Illusionen,
die doch die Kraft zum Aufbruch gebracht haben. Doch
wird auch oft blind und enthusiastisch auf Zuversicht gemacht mit genauso blinden Enttäuschungen im Gepäck.
Das ist auch ein Balanceakt.

17. Neustrukturierung

Frage: „Sie sagen: Wenn man es in einem halben Jahr
nicht geschafft hat, dann schafft man es auch nicht in zehn
Jahren. Das Team hat sich nicht auf den Weg gemacht, etwas zu verändern. Und dann?"

Antwort: Dann muss man auf anderen Ebenen Entscheidungen treffen. Man lässt es wie gehabt und akzeptiert vielleicht, so zu leben. Oder man hält die Konstellation noch eine Zeitlang und löst sie dann auf. Manchmal sind strukturelle Änderungen einfacher und bringen mehr Bewegung als ewige Entwicklungsversuche.

Einwand: „Neuer Teamzuschnitt, neue Aufgaben, neue Führung usw. Wenn dieses Damoklesschwert über einer Entwicklungsmaßnahme hängt, dann entmutigt das auch."

Antwort: Das bedeutet nicht „friss oder stirb". Aber es kann sein, dass alle zusammen es nicht schaffen, gegen ihre Reflexe anzukommen, obwohl sie sich bemühen. Dann ist es gut, wenn möglichst ohne Gesichtsverlust eine neue Konstellation geschaffen wird. Wenn man sich dies aus ideologischen Gründen verbietet, setzt man sich selbst schachmatt. Das heißt jetzt nicht, dass Einzelne nicht gewürdigt oder mit Rausschmiss bedroht werden! Wir haben auch am isb (erfreulicherweise sehr selten) Gruppen, in denen irgendwie „der Wurm drin ist". Kommt dann im zweiten Jahr eine neue Konstellation zustande, kann sich dieser Spuk auflösen. In dieser neuen Konstellation wird dann mit Effektivität und Freude gelernt, auch von Teilnehmern, für die oder mit denen es im ersten Jahr Schwierigkeiten gab.[9]

---

[9] www.isb-w.eu/campus/de/schrift/Von-der-Gruppendynamik-zur-Teamkultur---Dimensionen-im-Wandel.-2016SV0148D

18. Fiktionen – ein Beispiel

Man kann analysieren, warum Entwicklungsmaßnahmen in der vorgesehenen Konstellation und Zeit nicht vorangegangen sind. War Entwicklung nur verordnet, und eigentlich wollte sie niemand wirklich? War die Dringlichkeit gar nicht da? Oder wurden die Maßnahmen nicht verstanden, bzw. wurde diese Karte schon zu oft gezogen, und es war unglaubwürdig, dass es diesmal gelten soll? Ich habe vor 25 Jahren einmal ein Entwickler-Team eines Elektro-Konzerns beraten. Sie entwickelten damals ihre Version eines zivilen GPS für einen Markt mit rasant aufflammendem Wettbewerb. Man ließ diese Ingenieure leidenschaftlich basteln, aber das Bewusstsein dafür, dass dieser aufkommende Markt heiß umkämpft war, floss nicht in die Selbststeuerung und die Führung der Abteilung ein. Im Einzelnen haben sie dennoch toll gearbeitet, traten mit ihren Miniaturisierungen ehemaliger Militärtechnologie auf Tagungen auf und verkauften Prototypen an betuchte Schiffseigner. In Richtung Entwicklung eines Massenprodukts sind sie jedoch nicht wirklich vorangekommen. Selbst für einen Laien wie mich war zu erkennen, dass sie den Wettlauf ohne wesentliche Änderungen ihres Verhaltens und zusätzliche Investitionen verlieren würden. Oberflächlich wurden gute Vorsätze gefasst, doch war niemand bereit, entsprechend den Gesetzen dieses Marktes zu sprinten. Jeder hatte für die vorausliegenden entscheidenden Monate seine eigene Agenda und hoffte, andere würden die Markttauglichkeit richten. Selbst der zuständige Abteilungsleiter schien keine wirkliche Notwendigkeit zur Umsteuerung zu sehen. Er erschien nur kurz am

Ende, um „die Parade abzunehmen". Da die fehlende Ernsthaftigkeit erst am Ende des Workshops bei Versuchen der konkreten Verabredung für die nächsten Wochen offenbar wurde, habe ich alle mit diesem „Verantwortungsdefizit" konfrontiert. Sie waren „not amused" und haben mich auflaufen lassen. Danach brach der Kontakt ab, ein Rausschmiss ohne offenes Gespräch. Ein Jahr später wurde die Abteilung geschlossen. Wenn ein Berater von außen einen notwendigen Lernerfolg als unabdingbar ansieht, dann muss er das klar sagen, sonst spielt er das Verdrängungsspiel mit. Wenn ein Team nicht vorankommen kann, muss man niemanden deswegen persönlich schlechtmachen. Doch auch ein Berater muss bei Sinnlosigkeit seines Engagements die Reißleine ziehen. Es macht keinen Sinn, in einen Topf mit einem Loch immer neu etwas hinein zu leeren, wenn erkennbar wird, dass niemand Verantwortung für das Stopfen des Lochs übernimmt. Solche Einsichten können ungemütlich sein und werden auch von Vorgesetzten nicht immer wirklich geschätzt.

Zum Thema Illusion habe ich einen Aufsatz über fiktive Wirklichkeiten und Treibhaussandkommunikation [10] geschrieben. Es ist hoch interessant, wie Teams ihre Kommunikationsstrukturen verändern, wenn sie sich von der Realitäts-Wahrnehmung lösen und stattdessen immer weiter an Fiktionen glauben wollen, bis dann schließlich die Wirklichkeit hereinbricht.

---

[10] www.isb-w.eu/campus/de/schrift/Kontrolldynamik-Treibsand-und-fiktive-Wirklichkeiten-2003SI0084D

Ein Anzeichen dafür ist z. B. die wiederholte Formulierung: „Ich gehe davon aus, dass …" und Aufforderungen zur empirischen Prüfung ignoriert werden.

19. Kooperation mit Strategieberatung

Einer unserer Lehrtrainer hat selbst ein Unternehmen für systemische Unternehmensberatung (35 Leute, international tätig und äußerst erfolgreich). An ihn wandte sich die Abteilung eines erfolgreichen Strategieberatungsunternehmens. Sie wollten nicht nur Analysen abliefern, sondern zusätzlich auch für die Umsetzung verantwortlich sein. Dadurch sollte auch eine besondere Stellung am Markt entwickelt werden. Ihnen war klar, dass sie dafür dazulernen und eine Kooperation mit Umsetzungsberatern eingehen müssten. Der Lehrtrainer begrüßte dies, da ihm umgekehrt Kompetenzen aus der Strategieberatung fehlten. Da für Strategieberatung hohe Honorare bezahlt werden, hätte die Kooperation davon leicht finanziert werden können. Persönlich wie fachlich gab es ein gutes Zusammenspiel zwischen beiden Partnern auf Anbieter-Seite.

Dennoch dauerte es ein Jahr, bis probeweise ein erstes kleines gemeinsames Projekt konzipiert war. Sie hatten einen internen Organisationsentwickler in einem Kundenunternehmen gefunden, der auch am isb gelernt hatte und der gerne so ein integriertes Angebot für Projekte in seinem Unternehmen entwickeln wollte. Er sagte: „Wenn jemandem, dann traue ich Euch die Integration von

Strategieberatung und systemischer Umsetzungsberatung zu. Doch muss ich in meinem Unternehmen einen Auftraggeber als Kunden finden, der neben dem zu beauftragenden Projekt zur komplementären Entwicklung der Zusammenarbeit bereit ist. Strategieberatung und systemische Umsetzungsberatung werden üblicherweise von unseren Auftraggebern zwar in großem Umfang, aber völlig getrennt bei verschiedenen Instituten zu unterschiedlichen Zeitpunkten eingekauft. Beide Märkte folgen auch verschiedenen Regeln. Es gibt also bei meinen Auftraggebern viele eingeschliffene Gewohnheiten und langjährige Partnerschaften. Gemeinsames Lernen und die Integration verschiedener Vorgehensweisen müssten also auf vielen Ebenen erst organisiert werden. Wir müssen einen internen Auftraggeber finden, dessen Projekte für die Unternehmensentwicklung bedeutsam sind und der dafür Budget, Kapazität, Experimentierbereitschaft und einen hinreichenden Reifegrad mitbringt. Der Ressourceneinsatz für so einen Lernweg, der beides integriert, müsste sich aus seiner Sicht lohnen.

Das Ergebnis war, dass sie es in zwei Jahren nicht schafften, ein geeignetes Projekt und einen Auftraggeber im Kundenunternehmen zu finden. Im Prinzip leuchtete jedem ein, dass eine solche Integration wünschenswert wäre. Doch schien der Zusatzaufwand für ein gemeinsames Umlernen gegen eingeschliffene Gewohnheiten angesichts chronisch dringender Projektabwicklungen doch zu hoch. Für niemanden außer den kooperationswilligen Beratern und dem OEler im Unternehmen schien die Investition wirklich lohnend.

Am Ende erlahmte die Initiative auf allen Ebenen.

Teilnehmer: „Da sind wir besser."

Antwort: Darüber sollten wir uns austauschen. Am isb veranstalten wir Tagungen wie das „PionierLabor", um genau solche Projekte vorzustellen, um die Logik dieser Vorgehensweisen beschreiben und weiterverbreiten zu können. Dass sowohl die Unternehmen als auch die Berater mehr verstehen, was auf sie zukommt, wenn sie gemeinsames Lernen implementieren wollen. Und das ist keine einfache Übung.

20. Disziplin

„Am isb sind uns ganz wichtig: Fokus-Disziplin, Zeit-Disziplin und Rollen-Disziplin." Diese Stichworte entstammen einer Nebenbemerkung in einem meiner Vorträge – zu meiner Verblüffung zückten die Teilnehmer die Schreibgeräte und schrieben sich das auf. So sind drei Kulturdimensionen daraus geworden.

Wenn Sie Seminare oder Teamsitzungen leiten, kennen Sie das: Jeder ist sonst so eingespannt, dass er sich zum Ausgleich kleine Undiszipliniertheiten leistet. Entweder, dass er mit der Zeit schludert oder dass er über Dinge redet, die aus der Rolle heraus gerade nicht relevant oder für ein aktuelles Thema nicht wirklich wichtig sind. Man hat halt gerade Lust, das zu erzählen. In solchen Fällen ist es wichtig, dass man auf eine freundliche Weise für

Disziplin sorgt, weil sonst jeder macht, was ihm halt einfällt. Und dafür brauchen wir eigentlich nicht zusammensitzen. Oft leiden Gremien und Teams auch unter einer erdrückenden Themenvielfalt und meinen, sich deshalb differenzierte Betrachtungen nicht leisten zu können. Gemessen daran ist oft erstaunlich, wie undiszipliniert es zugeht. Viel des erlebten Drucks ist umgekehrt Folge undisziplinierter Gesprächsführung. Unsere Übungen zur kollegialen Beratung können da Wunder wirken. Es werden nur Themen behandelt, für die es einen Owner gibt, der dafür einsteht, was er mit welchem Anliegen mit wem besprechen will. Um den Fokus nicht mit anderen Anliegen zu verunklaren, hören die anderen nur zu. Der Owner behält im Auge, ob er mit seinem Anliegen vorankommt und wann er damit vorläufig zu Ende ist. Die anderen nehmen Anteil und kriegen so ein Gefühl, wie die Protagonisten „ticken" und ihre Anliegen voranbringen. Sie können daher mit Ergänzungen und Feedback zuarbeiten und sich bei Gelegenheit selbst zum Owner eines Anliegens machen.

So wenig Zeit verfügbar scheint, so wenig kommen ungesteuerte Gespräche zum Punkt oder zu einem Abschluss. Wenn undiszipliniertes Gerede erst mal in Schwung kommt, ist es schwierig, damit wieder aufzuhören. Es ist erstaunlich, wie effektive Kommunikation und gegenseitiges Verstehen gelingen können, wenn man nicht in diffuses Gerede, fokusfremdes Gerangel und schließlich in unterkomplexe Lösungen abgleitet. Generell gilt: Anfangsmomente sind für Kulturbildung entscheidend. Wenn man da die Zügel schleifen lässt, dann sind die Folgen doppelt schwer einzufangen. Nicht einfach losdiskutieren, auch nicht mit der Idee, dass dies erst einmal anwärmt.

Man muss solche Reflexe ziemlich früh unterbrechen. Viele Organisationen überfordern sich auch dadurch, dass zu viel gleichzeitig und ungeordnet verhandelt wird. Man muss lernen, Kommunikation gut zu rahmen.

Also: Rollen-, Zeit- und Fokus-Disziplin sind am isb immer wichtig, insbesondere beim häufigen Arbeiten in parallelen Untergruppen. Es darf nicht als Entschuldigung gelten, dass man in der Untergruppensitzung nicht fertig geworden sei, wenn man nicht wieder pünktlich im Plenum erscheint. Missmanagement in Sachen Zeit-, Fokus- und Rollen-Disziplin multipliziert sich leicht und wird immer unbeherrschbarer. Auch beim sonstigen Zusammenspiel im Unternehmen ist das nicht anders. Wenn jeder unabgestimmt denkt: „Ja, Disziplin im Prinzip schon, aber ich habe ja gute Gründe…", dann läuft jedes komplexe Räderwerk aus dem Ruder. Man wird in Untergruppen vielleicht nicht immer fertig, aber man muss Verantwortung dafür übernehmen, damit dann umzugehen oder den Rahmen einvernehmlich zu verändern.

Teilnehmer A: Ich komme aus dem nicht-deutschen Raum. Disziplin ist bei uns ein extrem negativ belegtes Wort. Man sieht darin etwas typisch Deutsches, eher Einengung und Drill. Wie könnte man dieses Wort anders beschreiben? Weil ich persönlich Disziplin enorm wichtig finde, suche ich nach etwas Verträglichem.

Antwort: Meine Erfahrung ist, dass jeder sofort merkt, wie es gemeint ist, und dass, wenn man sich daran orientiert, eine segensreiche Wirkung für die Kultur eines Seminars erlebt werden kann. Ich hatte solche Diskussionen noch nicht. Ich fürchte, da werden Stereotypen abgefahren, um die Klärung der notwendigen Zuverlässigkeit zu vermeiden.

21. Resonanz der Teilnehmer - Zwischenrunde

- *„Für mich hat ihr Vortrag vor allen Dingen verdeutlicht, dass ich bei mir viele Prozesse in den letzten Jahren verändert habe. Mit internem Personal habe ich vieles erdacht und durchgespielt. Ich habe mich oft gewundert, wie lange es dauert, bis sich Veränderungen einstellen und stabil gelebt werden. Durch Ihre Ausführungen entspanne ich mich da. Es scheint normal zu sein. Öfter werden Dinge auch überhaupt nicht angewendet, selbst wenn die Betroffenen sie selbst entwickelt haben. Das habe ich nicht verstanden. Ich glaube, dass wir eine positive Kultur im Unternehmen haben. Aber die ist eben auf die Organisation, wie sie immer war, gemünzt und noch nicht auf das, was wir neuerdings sind oder wohin wir aufbrechen. Mir war nicht klar, in welchen Dimensionen sich eben auch die ganze Kultur verändern muss, wenn sich die einzelnen Prozesse ändern sollen."*

- *„Ich habe spontan Lust bekommen, heute ein Buch zu schreiben. Das Thema wird für mich immer größer und komplexer und ich habe zu dem Thema immer mehr Gedanken. Nicht im negativen, sondern im positiven Sinn. Solche Gedanken sind: Was heißt Kultur? Kann man Kultur überhaupt beeinflussen? Muss ich Kultur beeinflussen? Was gibt es für Subkulturen? Das sind so die Sachen, die* *mich gerade beschäftigen."*

- *„Ich fand das Thema Lernen sehr spannend. Lernfelder und Lernzeiten schaffen, und das während des Arbeitsablaufes, hat spontan einen Reflexionsprozess bei mir selbst ausgelöst. Ich habe mich gefragt, wo ich eigentlich am meisten gelernt habe - und das ist am Arbeitsplatz. Wie kann ich fördern, dass jetzt auch die Kollegen aus der Organisation gemeinsam solche Lernprozesse in ihrem Alltag vollziehen. Ich habe viele Gedanken gehabt, was man jetzt tun könnte, welche Methoden man anwenden kann. Das fand ich ein sehr spannendes Thema, das bei mir sehr viel ausgelöst hat."*

- *„Als Aufsichtsrat und Strategieberater habe ich Verantwortung für verschiedene Organisationen. Ich finde das Thema Kultur und Lernen ganz spannend und persönlich bewegend. Ihre Ausführungen lassen meine Gedanken schweifen, wie ich in meinen verschiedenen Organisationen das Thema Kultur nochmal anders zur Geltung bringen kann."*

- *„Ich führe unser Unternehmen, einen 110 Jahre alten Familienbetrieb in der vierten Generation mit 75 Leuten, mit meinem Bruder seit 15 Jahren, und ich bin selbst seit 25 Jahren im Betrieb. Wir haben einen Kulturwandel angestoßen bezüglich Verwandtschaft im Betrieb. Das heißt nichts anderes, als dass man nicht mehr primär versucht, mit Verwandten zu arbeiten, dass dies auch in Zukunft kein Zwang mehr ist. Mehr als um Familienzugehörigkeit geht es darum, gemeinsam eine Mission und eine Vision umzusetzen. Viele neue Leute wurden spezifisch jetzt* *eingestellt. In zweieinhalb Jahren sind in allen Stufen Änderungen angefallen, um diesen Kulturwandel zu machen.*

Man bleibt ein Familienbetrieb, gibt aber auch Aktien ab. Und jetzt habe ich ein anderes Wort anstelle Disziplin: Verantwortung. Wie bekommt man in der Kultur hin, dass sich die anderen Leute jetzt genau so verantwortlich fühlen? Ich habe Überlegungen zu Verantwortungsperspektiven und verschiedenen Reifegraden. Wie stellt man das fest? Gibt es Theorien, wie man Reifegrade bei einer bestimmten Organisation oder bei Leuten bestimmt, oder ist das einfach etwas, was man im Kontext spürt und intuitiv übereinanderlegt?"

Zwischen-Antwort: Am isb haben wir zwei Fragebogen zu Reifegraden, einen zur Person und einen zur Organisation. Man kann damit Reifegrade und Passungen zueinander erfragen und eine Gesprächsgrundlage erstellen. Wie man mit Verantwortungskulturperspektiven im Konkreten umgeht, kann nur spezifisch geklärt werden.

- *„Für mich ist es interessant. Ich habe noch nichts Fachliches, wo ich das jetzt anwenden kann oder mit dem ich es vergleichen kann. Ich habe gerade mein Abitur gemacht und schaue drauf, ob ich von dem Vorgetragenen was kenne. Ich habe relativ lange in der SMV in meiner Schule mitgearbeitet. Da versucht man natürlich auch, Ideen unter die Leute zu bringen. Und es ist sehr interessant, ähnliches hier nun mal in einem anderen Kontext zu sehen."*

- *„Ich fand es insofern interessant, als dass man sich bewusst mit Kultur beschäftigt. Ich bin auch ein Kulturträger, das ist mir klar geworden. Wie bewusst müsste das* *eigentlich allen gemacht werden, damit sie gut klären, wie sie in eine Organisation reinpassen? Und ich hoffe, dass es auch noch ein Paar Themen dahingehend gibt, die noch besprochen werden."*

- „Ich finde das Thema Lernen & Kultur sehr interessant. Ich habe selbst schon mal die Erfahrung gemacht, extern viel in der Theorie geschult zu werden und in der Praxis dann überhaupt nichts umsetzen zu können. Genau das machte dann den Einstieg schwierig. Ich finde es interessant, hier zu hören, wie sinnvoll es ist, wenn man als Team lernt, sich zu organisieren und es daher eher in der Praxis fortschreiben kann, weil da auch gelernt wird und nicht irgendwo extern in einem Unterricht."

- „Was ich ganz interessant fand, war die Aussage: „Kultur entsteht durch Kultur". Besonders Lernkulturen im Unternehmen zu installieren und auch vorzuleben, wie man das an die Mitarbeiter weiterträgt, dass sie die Lernkultur eben auch verinnerlichen, finde ich elektrisierend. Ich hätte gerne mehr Ideen, wie man lernt, eine Kultur des Lernens zu etablieren."

- „Mir ist jetzt gerade noch so ein Begriff gekommen: Fehlerkultur. Beschönigend haben wir dazu mal „Abweichung" gesagt, und ich bin jetzt wieder bei Fehler. Einfach Fehler. Ich bin jetzt wieder bei meinem ganzen Leben. Ich habe nicht auf einer Schulung oder sonst irgendwo am meisten gelernt, sondern dann, wenn ich irgendwas verbockt habe. Fehler habe ich zunächst gefühlt und dann habe ich daraus Lernen gefiltert. Davon möchte ich mit meinem Unternehmen noch viel mehr integrieren. Also

dass man einfach auch zulässt, dass man auch mal etwas falsch macht. Und dass man da nicht nach Schuldigen sucht, sondern Solidarität findet. Ich kann bestimmte Dinge überzeugend vertreten, wenn ich spüre: Ich bin Ich. Ich kann deshalb die Menschen in meiner Organisation nicht nur nach mir ausrichten, weil sie nämlich auch sie selbst sind. Das ist mir in ihrem Vortrag bewusst geworden. Ich kann trotzdem vielleicht viele mitbewegen, wenn ich in meiner Organisation Menschen habe, die zu mir passen. Dass da vielleicht der eine oder andere sagt: Hm, das gefällt mir nicht, ich suche mir etwas anderes, ist ok."

- „Auch mich hat das Thema Lernen sehr angesprochen. Dass ich eben wenig extern lerne, sondern meist im Prozess, war mir nicht so bewusst. Das weiß man zwar eigentlich schon, aber ich glaube, man macht es sich einfach nicht so bewusst. Und ich glaube auch, die eine Lernkultur gibt es wahrscheinlich auch nicht. Bei einem Vortrag jüngst in der Schule ging es um Lernen für unsere Kinder. Und da war eben auch das Thema, dass es sehr unterschiedliche Lerntypen gibt. Der eine lernt visuell, der andere lernt lieber durch Lesen oder Miterleben, und genau das ist ja auch der Grund, warum man immer von sich selbst ausgeht. Der Lerntyp ist eben nicht für alle gleich, und die meisten wissen nicht mal, was sie für ein Lerntyp sind. Dass man dieses Thema im Unternehmen miteinander besprechen und da einen Austausch pflegen und dafür Lernräume schaffen kann, war nicht in meinem Horizont. Weil im komplexen Geschäftsleben die Zeit eigentlich immer zu kurz ist, muss man Regie führen und ich muss als Führungskraft investieren. Mich würde interessieren, inwieweit man aktiv steuern muss oder wie weit man sich

zurücknehmen sollte, damit es eben nicht wieder nur von oben kommt."

- „Bei vielen Dingen, die Sie heute angesprochen haben, haben wir das große Glück im Unternehmen, dass wir in der Geschäftsführung solche Themen auch umsetzen dürfen, mit der Erkenntnis, dass Strategie und Umsetzung zusammengehören, und dass Strategieumsetzung auch mit einem Kulturwandel umgehen muss. Von daher bin ich ganz froh, in den Bereich von Lernpartnerschaften in den Workshops und auf Lernen auch in den Führungsebenen zu kommen. So können wir nach und nach Kultur einzuführen. Für mich ist im Moment ein Thema: Ist es eine Erfolgsstrategie, wenn Geschäftsführer mehr und mehr als Kulturmanager auftreten? Also wäre für mich die nächste Managementebene, mich zu einem Kulturmanager weiterzuentwickeln? Das würde nochmal eine ganz andere Form des Führens bedeuten. Man hat mehr in Kulturentwicklung zu denken und muss die Menschen mehr im Fokus haben. Kulturmanager werden, kann ich als sinnvolle Aufgabe sehen. Ich glaube, das war für mich das, was ich jetzt gerade aus den zwei Stunden mitgenommen habe."

- „Ich bin in den letzten zwei Stunden sehr operativ unterwegs gewesen, also eher in Projekten denkend. Was tue ich mit hinderlichen Kulturelementen? Wie sorge ich dafür, Lernprozesse so zu gestalten, dass sie den Alltag besser strukturieren, ohne dass ich höhere Werte aufgeben muss? Und andererseits bin ich natürlich auch in meinem Unternehmermodus unterwegs. Ich komme ursprünglich aus dem Trainingsbereich und war damit am Ende des Tages eben nicht wirksam.

Aber eine echte Herzensangelegenheit ist, dass die Dinge, die ich vermittle auch zu Veränderungen führen können. Hier könnten Produktentwicklung und das Thema Lernkultur in unserem Unternehmen helfen."

- „Ich fand das Thema Lernen auch sehr spannend, bin aber ein bisschen verwirrt. Ich weiß jetzt schon gar nicht mehr, was Kultur ist. Was gehört dazu? Ist es eine Arbeitskultur? Ist es Gesprächskultur? Ist es eine Kultur des persönlichen Miteinanders? Welche Dimensionen gehören mit dazu? Und dann noch eine Frage: Gibt es eine erfolgreiche Kultur, oder sucht sich jeder Mensch in einem Unternehmen die Kultur, die zu seinem Charakter am besten passt? Und darum frage ich mich dann wieder: Kreiere ich dann nicht wieder irgendwo eine Monokultur, weil alle irgendwo gleich ticken und gleich denken? Ein Unternehmen, das immer die gleichen Leute anzieht und dann gar kein kreatives Gedankenpotenzial mehr zulässt, könnte gut funktionieren, aber wäre vielleicht nicht mehr innovativ."

- „Das passt ganz gut zu dem, was bei mir vorgegangen ist in den letzten zwei Stunden. Ich hatte zum Teil Mühe zuzuhören, weil einfach so viele Fragen parallel aufgetaucht sind. Zum Beispiel: Inwieweit kann ich in meinem Team eine Subkultur prägen, die im Gegensatz zur allgemeinen Kultur im Unternehmen steht? Gibt es überhaupt die eine Unternehmenskultur? Oder: Ist Kultur nicht ein Zusammenspiel von vielen Subkulturen? Dann wieder die Frage: Ist Kultur mit Persönlichkeit verknüpft oder wirklich nur in Beziehung mit anderen? Und ab wann fängt Beziehung an? Bei Beziehung zu mir selbst? Kann ich eine eigene

Kultur haben mit meinen Teil-Persönlichkeiten oder nur mit einer zweiten Persönlichkeit oder einer dritten? Und dann noch: Muss Kultur im direkten Kontakt gelebt werden oder geht es auch per E-Mail und per Telefon und digital?"

- „Ich habe heute einen Schlüssel für meinen persönlichen Bereich mitnehmen können. Ich engagiere mich für Integration von Flüchtlingen und bin dort in verschiedenen Kreisen unterwegs. Immer wird über Kultur gesprochen: Kultur in Deutschland. Kultur in Deutschland. Kultur in Deutschland... Da nehme ich Ihre wunderbare Übersetzung mit: „Das Beste des Menschen in den Vordergrund holen und verknüpfen - das ist Kultur". Und wenn ich das schaffe, dann habe ich es auch in einem Unternehmen geschafft. Jetzt stellt sich die Frage, wie schaffe ich es, in einem Unternehmen Führungskräfte, die schon langjährig miteinander arbeiten – jeder in seinem eigenen Bereich – wirklich miteinander zu verbinden? Und wie schaffe ich es, für wirklich begnadete Ingenieure ein Lernumfeld so zu gestalten, dass jeder vom anderen nur das Beste mitnimmt?"

- „Ich habe heute ganz viel aufgeschrieben, denn ich hatte verschiedene Aha-Erlebnisse. Vieles hat man schon mal irgendwo gehört und vergisst es im Alltag dennoch, obwohl manches so simpel sein könnte. Trotzdem sind für mich noch zwei Themen offen: Das war zum einen dieser Reifegrad-Check von Organisation und Persönlichkeit. Ich stehe vor der Aufgabe zu klären, wie ich gute Kultur hinbekomme und welche Schlüsselfiguren damit wirklich arbeiten können? Wie kann ich für diese Kultur Lernräume organisieren? Wie bestimme ich dabei den Reifegrad? Was

brauche ich davon für eine strategische Personalentwicklung?"

- „Im bestehenden System diese Gemeinsamkeiten und die Schnittmenge zu finden und zu sagen: Was ist es denn nun, was uns verbindet und was unsere Kultur ausmacht? – finde ich spannend. Mich hat auch das Thema Reifegrade sehr angesprochen. Es ist extrem hilfreich zu unterscheiden, was der Reifegrad der Person und was der Reifegrad des Systems ist. An dieser Stelle entscheidet sich wirklich sehr viel. Und ich bin mir nicht sicher, ob es wichtig ist, was zuerst da ist. Wirklich wichtig ist ja, richtig einzuschätzen, wo sich wer in welchem Reifegrad gerade befindet. Und da ist es mir wichtig, das Bild mitzunehmen und einfach dran zu denken. Ergänzend von meiner Seite zu dem Thema gemeinsame Kultur: Wie viel Reibung braucht es da auch?"

22. Kultur als Perspektive

Ich mache hier einen erkenntnistheoretischen Einschub: Wir neigen dazu, aus Perspektiven Dinge zu machen. Doch: Kultur ist für mich kein Ding, sondern eine Perspektive. Kultur ist keine eigene Abteilung, sondern Kulturperspektiven gelten für alle Abteilungen. Das, was jeden Tag passiert, kann man mit der Kulturbrille betrachten. Durch diese Brille kann man auf bewusste und unbewusste Arten des Zusammenspiels aufmerksam werden. Wenn wir Wirklichkeiten kreieren, kann hilfreich sein, bewusst durch diese Brille zu blicken: Sind die vorhandenen Wirklichkeiten gut, oder möchte ich andere Wirklichkeiten kreieren? Und wenn ich neue kreieren möchte, wie kann ich das bewerkstelligen?

Kultur kann man nicht gültig beschreiben, denn Kultur ist so vielfältig wie das Leben, und jeder hat dafür andre Kategorien. Der Techniker beschreibt Kultur technisch, der IT-Mensch aus Sicht der IT, der Personaler beschreibt aus Bildungssicht. Jeder beschreibt so, dass er eine Idee bekommt und verfolgen kann, die seiner Perspektive entspricht. Zumindest sollte es so sein, wenn es um Handlungsorientierung geht. Während man versucht, die Kategorien seiner eigenen Welt in den Vordergrund zu bringen, bleibt zwangsläufig viel im Hintergrund.

Kultur besteht größtenteils aus Selbstverständlichkeiten, das macht sie so unauffällig und erfordert deshalb besondere Aufmerksamkeit. Bert Brecht entwickelte den Verfremdungseffekt, um den frischen Blick auf Vertrautes zu ermöglichen.[11] Diese Selbstverständlichkeiten haben sich eingeschliffen und werden fortgeschrieben, ohne dass lange darüber nachgedacht wird, ob man das eigentlich so will oder nicht. Gewohnheitswirklichkeit: Wir machen es so, einfach weil wir es uns so angewöhnt haben. Wir leben Haltungen und Gefühle, wie wir das eben gelernt haben. Wir denken, wie wir denken, weil wir uns angewöhnt haben, so zu denken. Das Denken in Dingen anstatt in Perspektiven ist eine Kulturgewohnheit, die uns in der Schule beigebracht wurde. Wir fragen nach Zusammenhängen zwischen Dingen, bevorzugt als Ursache und Wirkung.

---

[11] www.isb-w.eu/campus/de/schrift/Brechts-Verfremdungseffekt-und-soziales-lernen-1976SZ0001D

Stattdessen könnten wir nach dem Zusammenspiel verschiedener Betrachtungen zur selben Sache fragen ohne einen Zusammenhang zwischen den Dingen selbst zu postulieren.

Es ist schwer, von Gewohnheiten wegzukommen, wenn sie als unhinterfragte Selbstverständlichkeiten zum Mainstream gehören. Manchmal sind wir wie in einer Wirklichkeitsblase gefangen und bekommen in dieser „Echokammer" zu wenig korrigierende Impulse. Wir beschreiben mit den bei uns üblichen Landkarten und verwechseln dann auch noch gelegentlich die Landkarte mit der Landschaft. Dabei sollten wir uns über überraschende Anstiege nicht wundern, wenn wir die Strecke nach einer gewöhnlichen Straßenkarte ausgesucht haben. Erst irritierende Erfahrungen weisen oft auf die eigenen Landkarten, auf eigene Kulturvorstellungen hin.

23. Deskriptive und normative Kultur

In der Diskussion um Kultur ist noch eine andere Unterscheidung wichtig: die deskriptive und die normative Perspektive. Aus deskriptiver Perspektive sagen wir: Kultur gibt es immer, immer dort, wo sich Selbstverständlichkeiten eingespielt haben, egal, ob wir das gut oder schlecht finden. Es geht nur darum, sie zu beschreiben. Wir fragen: „Wie ist es bei uns? Wie könnte man wertneutral konzipieren, das, was sich bei uns eingespielt hat?" Das wäre mehr ein „wissenschaftliches" Interesse an Kultur. In unseren Kreisen allerdings kommt die Frage nach Kultur normalerweise dann auf, wenn wir das Gefühl haben, dass sie nicht ist wie sie sein soll. Das ist dann der Ausgangspunkt für normative Beschreibungen. Wir vergleichen das Erlebte bewusst oder unbewusst mit Vorstellungen, wie es sein sollte. Wir sind nicht nur an Erkenntnis, sondern auch an Beschreibung aus handlungsorientierter Perspektive interessiert. Wir wollen Kultur so beschreiben, dass wir auf sie Einfluss nehmen können. Wir überlegen: „Was ist es eigentlich, auf das wir reagieren? Wie kann man Muster beschreiben? Wo finden Beispiele statt und wer spielt da wie mit? Was trägt dazu bei, dass es sich immer wieder so etabliert? Wo könnte man ansetzen, wenn man etwas bewegen will?" Für unsere Hauptperspektive wählen wir dann Unterkategorien: Wir betrachten dann Kultur z.B. unter dem Gesichtspunkt „Führung", unter dem Gesichtspunkt „wechselseitige Wertschätzung" oder unter dem Gesichtspunkt von „Entlohnungsgerechtigkeit". Welche Unterteilungen der Perspektive Kultur wir kreieren, ist mehr eine Frage unserer aktuellen Fragestellung.

24. Wahrnehmungsübung

Selbstverständlichkeiten entziehen sich gerne der Wahrnehmung. Als Wahrnehmungsübung bieten Systemiker gerne an: „Stell dir vor, du würdest morgens aufwachen und hättest vergessen, wie Wirklichkeit ist, wie du deine Situation verstehen solltest und wie du dich zu verhalten gewohnt bist. Wie würdest du selbst, wie würde die Welt dich daran erinnern, in welcher Wirklichkeit du lebst und wie dein Tag sein soll?" Dadurch bekommst du Ideen, wie sich Kultur in dir jeden Tag neu etabliert. Man erkennt Selbstverständlichkeiten, die sich anfühlen als könnte es gar nicht anders sein. Dass vieles auch ganz anders sein kann, merkt man zum Beispiel, wenn man einmal in einem anderen Kulturkreis arbeitet. Dort sind Dinge, die man ganz selbstverständlich findet, seltsamerweise überhaupt nicht selbstverständlich. Dieser Kontrast kann Anlass sein, gemeinsam zu untersuchen, was eigentlich die Unterschiede sind, was jeden bewegt, seine Kulturgewohnheiten wieder aktivieren zu wollen und welche Varianten für alle gut lebbar sind. Auch als Selbsterfahrung kann ich meine Kulturpräferenzen befragen: „Wo bleibe ich gelassen, wo bin ich empfindlich? Warum und wie zeige ich anderen die Erwartung, an meiner Kultur teilzuhaben? Auf welcher Ebene versuche ich das? Versuche ich meinem Gegenüber Vorteile zu verschaffen, damit er meine Wirklichkeit interessant findet? Versuche ich ihn wertzuschätzen, damit er sich menschlich anerkannt fühlt? Versuche ich ihn zu umarmen, dass er körperliche Berührungen hat? Welche sind meine spontanen Versuche, andere einzuladen, meine Kultur zu teilen?" Jeder hat da einen anderen (Lern-)Stil.

Auch Berater gehen zunächst von der Selbstverständlichkeit ihrer Kulturvorstellungen aus. Egal welche Schule du gelernt hast, du neigst zunächst zur Haltung: „Sehe es wie ich, so ist es richtig! Und mache es wie ich, so ist es gut!" Das muss dann bloß noch „beraterisch verpackt" werden. Dagegen ist auch nichts zu sagen. Es ist nur gut, wenn man merkt, dass die eigenen Sichtweisen nicht stimmen müssen und die eigene Kulturperspektive eventuell nicht passt. Es ist völlig in Ordnung, erst einmal das, was man als richtig und selbstverständlich empfindet, anderen gegenüber zu vertreten. Gut wäre allerdings, wenn man sich dessen bewusst wäre, also eine Metaperspektive zu den eigenen Wirklichkeiten einnehmen könnte. Den eigenen Standpunkt sollte man als Überzeugung und nicht wie eine Wahrheit vortragen. Folgende Haltung hat gute Chancen als Einladung in eine gemeinsame Kultur erlebt zu werden: „Ich lade dich ein, an meiner Kultur teilzuhaben. Und ich versuche eine Situation zu kreieren, in der du davon profitieren oder mir auch Rückmeldung geben kannst, wie ich mich dabei verändern könnte. Dann können wir für uns alle annehmbare Varianten entwickeln."

Dann gleitet man auch nicht so leicht in ein Entweder/Oder ab. Das ist auch so eine Kulturgewohnheit. Bei uns wird zu viel in Dualität oder gar Polarität gedacht. Gute gemeinsame Wirklichkeiten setzen auf bewusste Auflösung von Gegensätzen. Oft kommt es auch darauf an, einerseits Rahmen zu setzen und andererseits Spielräume zu gewähren. Also z. B. statt „Entweder setze ich mich durch, oder ich lasse alles laufen." lieber „Ich setze mich durch, wenn ich die Macht und die Mittel habe, um die Rahmen zu setzen, die mir wichtig sind. Innerhalb dieser Rahmen lade ich jeden ein, sich nach eigenen Vorstellungen zu organisieren." Gute und bewusste Kompromisse sind umso besser zu erlangen, je mehr die Beteiligten wissen und ausdrücken können, was ihnen wichtig ist. Kultur-Selbsterfahrung und kompromissfähiges Selbstbewusstsein sind wichtige Voraussetzungen für gemeinschaftliche Kultur: „Was kann und will ich sichern? Was will oder muss ich anderen zur Gestaltung lassen? Was kann ich eh nicht einseitig durchsetzen? Wo muss ich eher einen Rahmen

anbieten, den andere im Sinne ihrer und meiner Kulturvorstellungen füllen?"

25. Hierarchische Steuerung

Frage: „Ist es nicht geradezu die Aufgabe der Unternehmensleitung, der Organisation solche normative Vorstellung zu geben? Ich treffe eben häufig Unternehmer oder
Geschäftsführer, die zaudern und sagen: Gut, ich kann
doch der Organisation jetzt nicht meinen Stil und was ich
für gut und richtig halte vorgeben. Nach meiner Meinung
ist es doch Aufgabe der Unternehmensleitung, die Komplexität zu reduzieren und der Organisation den Rahmen
vorzugeben."

Antwort: Absolut. Wir haben leider so viele Moden, die
das Kind mit dem Bade ausschütten. Zum Beispiel ist zur-
zeit in Mode, Hierarchie als überflüssig anzusehen. Hierarchie ist jedoch eines der ältesten Ordnungsprinzipien der
Evolution. Wir werden weiterhin Hierarchie brauchen.
Hierarchie liefert z.B. einen effektiven Modus, über den
Prioritäten gesichert werden können, wenn man nicht alles machen kann. Hierarchie ist mehr als dummes Regie-
ren von oben nach unten. Und: Hierarchische Steuerung
kann auch anders als allein über institutionelle Macht auf-
gebaut werden. Es kann auch jeweils der, der im Moment
am meisten von einer Sache versteht, „Bestimmer" sein.
Oder es kann jemandem die Hoheit über die Prozesse o-
der die Kommunikation verliehen werden, ohne dass er in

der Sache zu entscheiden hat[12]. Hierarchische Steuerung soll z. B. sicherstellen, dass in Prozessen eine bestimmte Logik gut weitergeführt wird. Mit unterschiedlichen Logiken gleichzeitig zu operieren, kompliziert ohnehin komplexe Vorgänge zusätzlich. Stand- und Spielbeine werden oft nicht richtig definiert und wild durcheinandergebracht. Es gibt isb-Konzepte, die helfen, gedankliche Ordnung zu wahren[13]. Die wichtigste Aufgabe von klassischer Hierarchie ist die Rahmensetzung. Vieles kann delegiert werden, jedoch nicht die eigene Verantwortung. Was die geschäftlichen Dinge betrifft, ist das juristisch auch meist klar definiert. Die oberen Hierarchen bleiben dafür verantwortlich, was am Ende herauskommt.

Das Problem ist weniger Hierarchie an sich als eine Hierarchie-Kultur, die notwendige Verantwortung und Lernprozesse nicht sicherstellt. Ich habe einen der Begründer von Dialogic OD, Gervase Bushe, im Frühjahr 2016 in Kanada interviewt[14] und gefragt: „Wie wählst du aus, mit welchen Klienten du arbeitest?" Er sagte: "First I check whether this person is a learner. If he's not, I will not work with him." Und zum Lernen in hierarchischen Funktionen, gehört selbstverständlich, dass man lernt, gute Rahmen zu setzen. Hierarchie muss bei der

---

[12] www.isb-w.eu/campus/de/schrift/Macht-und-Autorisierung-2000SI0049D
[13] www.isb-w.eu/campus/de/schrift/Kap.-8-Gemeinsame-Mindsets-für-OE-und-Coaching---isb-Handbuch-2019SB0158D
Schmid, B. und Kannicht, A.(2015). Einführung in systemische Konzepte der Selbststeuerung. Heidelberg: Carl-Auer Compact.
[14] www.isb-w.eu/campus/de/themenkoerbe/tc_inoc_dialogues_campus.php

Rahmensetzung angemessen viele Gesichtspunkte für das gesamte Geschäft mitberücksichtigen und darf nicht nur Teilperspektiven maximieren, in der Hoffnung, dass sich das andere von selbst organisiert. Ob das gelingt, hat ganz viel damit zu tun, ob diejenigen, die führen, dafür auch angemessene Landkarten im Kopf haben. Und das wiederum hat viel mit Schulung zu tun.

26. Familienunternehmen

In Familienunternehmen gibt es eigene Kulturprobleme: Familienmitglieder geraten durch Familienzugehörigkeit in Führungsrollen und fühlen sich allein als Miteigentümer zur Führung legitimiert. In einer Stammeskultur kann man vorrangig auf persönliche Beziehungen in der Familie setzen. Bei klugem Vorgehen kann das zu viel Gutem führen. Aber führt das zu einer sich selbstgetragenen Kultur, in der vorrangig der Unternehmenszweck, die Unternehmensrollen und das Unternehmensgesamtspiel entscheiden? Oft bleiben Familienunternehmen eigentlich Ableger von Familien mit ihrer privaten Stammeskultur. Das mag kulturell gut oder schlecht sein. Jedoch sollten solche Systeme lernen, zwischen der Funktionalität von Organisationsrollen, der Eigentümerschaft und Rollen in der Familie zu unterscheiden, spätestens dann, wenn externe Geschäftsführer hinzukommen[15].

---

[15] www.isb-w.eu/campus/de/schrift/Kap.-2-Rollen-und-Persönlichkeit---isb-Handbuch-2019SB0152D

Diese Unterscheidung von Rollenebenen ist ein Beispiel für Grundkompetenzen, über die alle Schlüsselfiguren eines Unternehmens verfügen sollten.

27. Führung lernen

In der Führungsschulung ist wichtig, dass alle für einen Unternehmenserfolg wesentlichen Kategorien ernstgenommen werden. Manchmal geht ein von Einseitigkeiten geprägter Ansatz relativ lange gut. Man lebt z. B. von einer Gründeridee, und das andere sortiert sich irgendwie. Werden die Unternehmen dann älter und wachsen, kommt ihre „spontanwüchsige Steuerung" an Grenzen. Und genau dann braucht es Kultur-Knowhow. Kulturpflege geht dann nicht mehr nur aus der Hüfte und durch „mal beim Bier darüber reden". Ab einer bestimmten Entwicklungsstufe gewinnen Institutionalisierung und Bodenpflege und damit Leute an Bedeutung, die wirklich darüber nachdenken, was eine gute Organisations- und Kulturentwicklung im Unternehmen sein könnte. Dabei kann zugekaufte Expertise wichtig sein, doch muss die Rahmensetzung bei der Hierarchie bleiben. Dies wird aus falschen Demokratie-Vorstellungen heraus leider viel zu oft verweigert. Man möchte nicht autoritär sein. Klar gibt es viel schlechtes Benehmen von Hierarchen gegenüber Mitarbeitern. Es gibt auch üble Richter und Polizisten. Deswegen ist der Rechtsstaat auch nicht obsolet. Führung, Autorität und Autorisierung sind in Organisationen weiterhin wichtig. Wenn jemand dafür bezahlt wird, zu führen, dann soll er das auch tun und lernen, wie das geht. Oder er soll seine

Position wegen Vernachlässigung seiner Pflichten räumen.

Für das isb ist in Sachen Führung die kleinste Einheit die Führungsbeziehung. Wir müssen weg von der Idee, Führung sei vorwiegend eine Individualkompetenz. Führung ist Beziehungssache und ihre Qualität hängt von allen Beteiligten ab. Und weil das so ist, sollte Führungsschulung eigentlich immer Führungsbeziehungsschulung sein zwischen denen, die tatsächlich in Führungsbeziehung stehen. Erfolgreiche Führung misst man daran, ob durch sie das Zusammenspiel für das, was als gemeinsame Leistung erreicht werden soll, auch funktioniert. Führungslernen erkennt man daran, ob eine Entwicklung dorthin stattfindet.

Richtige Führung gibt es nicht, nur erfolgreiche. Führung sollte nicht normiert werden. Für Führung gibt es mindestens so viele Varianten wie es verschiedene Arten von Persönlichkeiten gibt, die an Führungsbeziehungen beteiligt sind. Dies kann man am Beispiel zweier Choreografen Pina Bausch und John Neumeyer illustrieren.[16]

Beide haben völlig verschiedene Führungsstile mit verschiedenen Arten, wie ihre Inszenierungen zustande kommen. Beide ziehen verschiedene Typen von Mitwirkenden an und machen in ihrer unterschiedlichen Art hervorragende Arbeit. Die Qualität von Führung entsteht also zwischen denen, die zueinander finden und zueinander

---

[16] www.isb-w.eu/campus/de/schrift/Kap.-4-Gemeinsame-Führung--isb-Handbuch-2019SB0154D

passen müssen. Um zwischen Betroffenen darüber ins Gespräch zu kommen, bieten sich Feedbackrunden zwischen den Ebenen an. Wenn in Führungsbeziehungen Beteiligte im Beisein der anderen interviewt werden, dann erfahren sie oft zum ersten Mal voneinander, wie ihr Verhalten eigentlich ankommt. Wenn sie sich gegenseitig unter Anleitung zwei, drei Mal interviewt haben und dafür kollegiales Feedback erhalten haben, können sie Führungsdialoge zunehmend in eigener Regie halten. Führung kann für jeden und in verschiedenen Führungsketten ganz verschieden sein: „Was können wir aus den Unterschieden lernen? Motiviert und bindet mich Führungserleben weiterhin an den gemeinsamen Zweck und an das Unternehmen?" Die Aufgabe von Führungsschulung ist nicht in erster Linie, „richtiges Verhalten" beizubringen, sondern eher dafür zu sorgen, dass zwischen den Beteiligten ein gemeinsamer Lernprozess zur Verbesserung ihrer Führungsbeziehung in Gang kommt.

28. Führung als System

Führungsschulung muss eigentlich noch weitergehen. Es müssten ganze Führungsketten zusammenkommen, z.B. drei, vier Ebenen, die hierarchisch direkt einander unterstellt sind. Führung als System. Ob Führung im Unternehmen erfolgreich ist, hängt in der Regel davon ab, ob ganze Führungsketten funktionieren, und jede Kette ist so schwach wie ihr schwächstes Glied. Es macht wenig Sinn, für teures Geld die am oberen Ende der Kette zu schulen, wenn in den anderen Bereichen der Kette nichts mehr passiert, obwohl die Prozesse gerade dort „hängen". Wenn ich Führungsketten nicht effektiv finde, muss ich überlegen, warum der Impuls nicht von A nach B läuft. Ich spiele das jetzt einmal von oben nach unten durch, aber es kann auch quer laufen: „Was braucht es, damit am Ende durch den letzten unten in der Kette das passiert, was oben der erste gewollt hat? Wenn von unten eine Meldung kommt, läuft diese dann so durch, dass sich jede Beziehung in der Kette damit auseinandersetzen kann?" Wenn nicht, dann müssen wir in der Führungskette auf Fehlersuche gehen. Und wenn wir dann eine Idee haben, wo es hakt, können wir alle bekannten Lerndesigns nutzen, um das anzugehen, vielleicht zunächst unter Anleitung. Und wenn alle diesen Prozess oft genug durchlaufen haben, dann gehören irgendwann solche Klärungen und Nachjustierungen selbstgesteuert zum Führungsalltag.

Führungstraining als individuelles Training ohne Kontext, ohne den Zweck des Unternehmens, ohne die anderen Beziehungsbeteiligten und ohne Bezug zur gewünschten Führungskultur lässt oft ungeeignete Vorzeichen für Führungskultur entstehen. Da werden viele Mittel fehlinvestiert. Auch im Coaching sollte weniger Führungscoaching, dafür mehr Führungsbeziehungscoaching und Führungsketten-Coaching angeboten werden. Und auch das kann kollegial gemacht werden. Man kann kollegiale Lernprozesse abwechselnd anleiten und braucht Fachleute nur zur Einführung dieser Art von Lern-Kultur. Das muss nicht immer ein extra bezahlter Leiter machen. Die Teilnehmer in isb-Curricula lernen die Anleitung von solch kollegialem Lernen, d. h. selbst Lernschritte zu konzipieren und Regie führen. Sie lernen Vorgehensweisen und bekommen

Materialien an die Hand, die sie mit in ihr Unternehmen nehmen, dort praktizieren und in weitere Bereiche ausrollen können.

Frage: „Führungstraining also nur, wenn man überhaupt gewisse Begriffe, Einstellungen und Grundfertigkeiten zu vermitteln hat?"

Antwort: Ja, aber zuvor ist zu prüfen, ob es daran wirklich fehlt. Natürlich sollte jemand minimale Vorstellungen von der Führungsrolle haben. Aber dieser Anteil ist geringer als man denkt, und das meiste davon kennt man aus anderen Lebensbereichen sowieso schon. Wichtiger ist, seine Kenntnisse auf spezielle Beziehungen, eine Organisation und eine bestimmte Kultur zuzuschneiden. Da das für jeden anders ist, bist du eigentlich sofort wieder beim Führungsbeziehungstraining. Ich nehme an, dass von klassischer Führungsschulung wenig übrigbleibt, wenn man bei Führung den Beziehungs-Ansatz einigermaßen konsequent umsetzt.

29. Beispiel Führungsnetzwerk

Führungs-Netzwerke haben oft wenig Bewusstsein über ihre Funktionsweise. Ich hatte vor Jahren eine große internationale Organisation als Kunden. Sie wollten Führung international neu ausrichten und dabei strategische Führung etablieren. Eine dringende Notwendigkeit aus Sicht der Geschäftsführer in der Zentrale, weil sie ihre strategischen Anliegen in den Ländern und dort in den Projekten nicht wirklich zur Geltung bringen konnten. Ich bat jeden der Geschäftsführer um ein Beispiel für sein strategisches Anliegen, ein Land und dort ein Projekt, in dem es beispielhaft umgesetzt werden könnte. Ein strategisches Anliegen, vertreten durch einen der Geschäftsführer war „Konsortialführerschaften errichten". Um sich in international finanzierten und umgesetzten Projekten nicht ausspielen zu lassen und um den eigenen Positionen angemessene Geltung zu verschaffen, sollten international finanzierte und durchgeführte Projekte unter gut abgesprochenen Konsortialführerschaften laufen. Um zu verstehen, was das für alle in der Führungskette meint und wie Führung und Projektabwicklung dann anders sein müsste, wurde die dafür zuständige Führungskette zu einem Studien-Workshop eingeladen: der zuständige Geschäftsführer, der Kontinent-Zuständige (beide Zentrale), der Landeschef und beispielhaft ein Projektleiter (beide vor Ort). Diese Führungskette wurde zu diesem strategischen Anliegen in einem Innenkreis interviewt, während die anderen Geschäftsführer und einige für das Thema „strategische Führung" Ausgewählte der jeweiligen Ebenen im Außenkreis der Studiengruppe saßen. Sie sollten ihre Beobachtungen spiegeln, den Prozess reflektieren und sich anschließend selbst über strategische Führung in anderen Führungsketten zu deren Anliegen austauschen.

Im Innenkreis interviewte ich die Führungskette zur Konsortialführerschaft, angefangen beim Geschäftsführer, von dem die Initiative ausging. Sehr vereinfacht schilderte dieser hauptsächlich seine Hoffnungen, in internationalen Gremien mehr den Ton angeben zu können und die Grundidee, dass es doch schön wäre, wenn vor Ort mehr zusammengearbeitet würde, damit Synergien genutzt und dadurch die regionalen Kunden zu einer konzentrierten und disziplinierten Zusammenarbeit bewegt werden könnten. Danach befragte ich alle anderen, ob sie erstens verstanden hätten, was dem Geschäftsführer wichtig sei und zweitens, ob sie Ideen hätten, was das übersetzt in ihre Welt und für ihre Steuerungen bedeuten würde?

Zudem fragte ich danach, ob sie eine Vorstellung davon hätten, was sich durch die Hereinnahme des strategischen Anliegens „Konsortialführerschaft" in den jeweils nächsten Führungsbeziehungen in der gesamten Führungs- und Verantwortungskette ändern würde? Obwohl soweit sicher richtig und naheliegend gedacht, überforderte dieses Vorgehen alle Beteiligten. Erst jetzt bemerkte ich, dass dieser Sprung viel zu groß war. Sie hatten sich in diesen Dimensionen bislang schlicht keine Gedanken gemacht. Jeder dachte nur horizontal und nicht an Übersetzung in die Steuerung anderer Ebenen und wie diese durch Führung zu verändern wäre. Auch gab es wenig Sprache für solche Beschreibungen. Hier wären erst einmal an einfachen Beispielen erhebliche gemeinsame Lernprozesse zu absolvieren gewesen. Im Auswertungsgespräch wurde deutlich, dass schon operative Führung oft nicht funktionierte und keine Kultur des Abklärens und gemeinsamen Dazulernens entwickelt war. Jede Ebene und jeder Unternehmensbereich hatte eigene Steuerungsgewohnheiten entwickelt und wenig Bewusstsein über die Steuerungen auf anderen Ebenen und das Zusammenspiel zwischen diesen Ebenen.

Wie sollte bei diesem Reifegrad gleich strategische Führung weltweit neu etabliert werden können?

Führung heißt, andere wirksam dazu einladen, zu einer bestimmten Wirklichkeit in einer bestimmten Weise beizutragen. Hier beschränkte man sich darauf, zu erklären, was einem in der eigenen Welt wichtig ist, in der Hoffnung, die anderen verstehen, was gemeint ist und ihnen fällt selbst etwas ein, wie sie dem zuarbeiten könnten und dass sie auch dazu bereit sind. Wir haben oft auseinanderlaufende Verständnisse von Wirklichkeiten und merken dies eben leider erst dann, wenn das Zusammenspiel schiefläuft. Zusammenspiel lernen ist schwierig, wenn man kaum versteht, in welcher Welt sich andere bewegen und wie sie sich dabei steuern. Das gilt natürlich auch für Schulungen und Entwicklungen. Man muss aufpassen, dass man durch Schulung und Innovationsinput nicht neue Akzente setzt, die Wirklichkeiten noch weiter auseinanderbringen. Wir haben eine Verantwortung für die Integrierbarkeit von Innovationsimpulsen. Solange es keine Chance auf Integration gibt, ist ein Impuls wenig hilfreich.

30. Metapher: Pioniere und Karawanen

Oft entscheiden Haltungen über den Erfolg als Pfadfinder, deswegen eine Metapher aus diesem Bereich. Wer Pionier ist, der möchte natürlich vorausreiten. Er nimmt dafür auch den kurzen Weg über das Gebirge. Aber er vergisst oft, dass er eigentlich die Vorhut einer Karawane ist, vielleicht mit Zug-Ochsen und vierrädrigen Karren usw.

Dann nutzt es wenig, wenn er einen tollen Weg über einen Gebirgskamm findet. Ich selbst versuchte mich in meinen Berufsjahren immer wieder als Pionier und konnte oft nicht begreifen, warum man mir nicht einfach folgte. Ich fragte mich, ob die von mir bereiteten Wege wirklich schwer zu gehen sind oder eigentlich ganz einfach, wenn nur nach und nach Gewohnheiten überwunden würden. Erst allmählich lernte ich, mir bewusst zu bleiben, dass eine Karawane anzuführen ist. Erst, wenn man in der Breite vorankommt, ist letztlich Pionierarbeit erfolgreich.

Beim Versuch, zu neuen Ufern aufzubrechen, ist es nicht einfach, einen Rhythmus für die Karawane zu finden. Bis der letzte verstanden hat, dass ein Aufbruch stattfinden muss, sind die ersten schon wieder müde.

Ein Problem ist beispielsweise, dass Geschäftsführungen gerne Aufbrüche in Szene setzen, dann aber schnell das Interesse verlieren. Auftritte wie Strohfeuer sind beliebt. Man hofft, Entwicklung durch das Lostreten von öffentlich wirksamen Kompagnien befördern zu können, unterschätzt aber, wie viel nachhaltige Aufmerksamkeit jenseits der großen Bühnen erforderlich ist. Viel zu früh wird danach eine andere Sau durchs Dorf getrieben. Die nötigen Ressourcen werden dann für etwas anderes verwendet, obwohl sie eigentlich für die bereits eingeleitete Entwicklung gebunden sein sollten. Es gibt erstaunlich viel Naivität bezüglich der Logik von evolutionären Prozessen. Da ist man oft in einem Maße in Machbarkeitsphantasien verfangen, dass man sich nur wundern kann.

Als Kontrast dazu stellt Gervase Bushe als wichtige

Funktion der Geschäftsführungen das „Fächeln" - ein beständiges Inganghalten - in den Vordergrund. Durch gezielte Aktionen soll den Mitwirkenden und der Umwelt immer wieder deutlich gemacht werden, dass das Projekt wichtig ist und von der Geschäftsführung begleitet und unterstützt wird[17].

31. Metapher: Feuermachen

In einer anderen Metapher gesprochen: Es geht um Feuerweitergabe und um das Hüten von Feuern.

Feuer neu entzünden ist anspruchsvoll. Leichter geht Feuerübernahme von bestehenden Feuern. Feuer kann sich spontan entzünden, durch Blitz ausgelöst oder mit Werkzeugen geschlagen werden. Feuer erlöschen, wenn sie nicht richtig versorgt werden oder starken Einflüssen nicht gewachsen sind. Die Beherrschung von Feuer ist eine eigene Kunst. Doch hat Feuer auch eine eigene Qualität, repräsentiert einen Archetypus. Auch wenn lange kein Feuer brennt, gibt es Feuer, und es entzündet sich erfreulicherweise immer wieder neu. Wehe, wenn nicht. Heute ist es üblich geworden, neue Vorhaben mit großem Paukenschlag zu starten. Dann versammeln sich alle zum Eröffnungsfeuerwerk. Danach wird es oft ruhig, der

---

[17] Bushe, G (2019). The Dynamics of Generative Change. BMI. Englisches, aber leicht zu lesendes Büchlein: www.amazon.com/Dynamics-Generative-Dialogic-Organization-Development/dp/169948421X

Anfangsimpuls verebbt und das war's dann. Oft bleibt es bei solchen „Strohfeuern". Dem sollen andere Bilder entgegengesetzt werden.

Am isb wollen wir zunächst kleine Feuerchen entzünden oder übernehmen und diese pflegen. Also nicht gleich mit großem Holz loslegen und mit Flammenwerfer anheizen, sondern kleines Holz vorsichtig entfachen, wenig Brandbeschleuniger, dafür die richtige Holzgröße beim Anfeuern und die richtige Schichtung. Nicht zu wenig, damit das wachsende Feuer weitere Nahrung findet, nicht zu viel, damit es nicht erstickt. Hölzer richtig positionieren, damit sie sich gegenseitig beglühen, aber nicht zu schnell und zu heftig abbrennen, bevor klar ist, wer was wann auf dem Feuer bereiten soll. Also organisch aufbrennen lassen, sodass sich etwas Glut als stabile Reserve bildet. Ein gut kontrolliertes Feuer kann auch mal eine Zeit ruhen, ohne gleich zu erlöschen. Holzvorräte griffbereit anlegen, damit alles zur Hand ist, wenn es wirklich voran geht. Klären, wie für Nachschub gesorgt werden kann. Eher auf Holz zurückgreifen, das schon etwas gelagert, richtig zerkleinert und trocken ist, anstatt mit zu grünem Holz unnötig Qualm zu erzeugen. Lieber mehrere kleine Feuer in guter Stellung zueinander, die nach Bedarf und von den Nutzern versorgt werden können, als ein großes, das zwar weithin sichtbar wird und um das sich alle scharen wollen, das aber nicht nachhaltig gepflegt werden kann. Statt eines zentralen Feuers, das dauerhaft bestimmte Bedingungen und erhebliches Engagement braucht, lieber kleinere dezentrale Feuerchen, die leicht weitergereicht und überall ohne übermäßige Anforderungen versorgt werden können.

32. Metapher: Scheinwerfer der Erkenntnis

Beim systemischen Ansatz spiegelt Wirklichkeit Perspektiven und Sichtweisen des Betrachters. Was ins Auge gefasst und beschrieben wird, hat mit Weltbildern und den nachfolgenden Gestaltungsinteressen zu tun. Ein und dieselbe Situation kann unter verschiedenen Perspektiven betrachtet werden, z.B. der Perspektive Verantwortung oder Kooperation, Lernen, Rollenklärung, Teamsteuerung oder der Perspektive Führung. Wir verwenden zur Illustration die Scheinwerfermetapher: Ein und dieselbe Situation zeigt sich bei unterschiedlicher Beleuchtung (aus unterschiedlichen Perspektiven) in unterschiedlichem Licht. Durch Überschriften zu den Betrachtungen bilden wir Kategorien, in die wir Wirklichkeit einordnen wollen. Was gemeint ist, bleibt aber komplexer als die ausdrücklichen Kategorien fassen können. Hier helfen Metaphern. Sie sind weniger zum Einordnen da als dazu, ein auch gefühltes Verstehen zu erzeugen. Dabei ist es eine eigene Aufgabe, die verschiedenen Betrachtungen aneinander anschlussfähig zu machen. Sonst weiß man nicht, ob man mit denselben Begriffen und Bildern Verschiedenes beschreibt oder dasselbe in verschiedener Weise. Metaphern transportieren eine Auswahl und Architektur von Wirklichkeitsauffassungen. Sie haben Implikationen und legen Konsequenzen nahe, ohne dass dies ausdrücklich benannt ist. Auch bei der Nutzung von Metaphern gibt es Gewohnheitsbilder, passende und unpassende. Um auch bei Metaphern nicht in einen unkontrollierten Wildwuchs und Gebrauch zu geraten, ist es gut, die gewählten Metaphern selbst auf ihre Wirklichkeitskonstruktion hin zu untersuchen. Am isb machen wir Übungen, mit denen man bewusst zu betrachten lernt, welche Metaphern wir gewohnheitsmäßig oder spontan nutzen und was diese Metaphern transportieren. Auch das bewusste Aktivieren und Deaktivieren von Scheinwerfern, mit denen wir etwas betrachten, wird geübt. Wir wollen gelegentlich über das wohlige Gefühl, uns irgendwie auszukennen, wenn wir unsere gewohnten Scheinwerfer aktivieren, hinauskommen.

Denn: Etikettierungen sind „Schnuller", sie dienen mehr der Beruhigung als der Aufklärung, sagte der Erkenntnisbiologe Varela.

33. Kultur eine neue Mode?

Teilnehmer: „Ich glaube, in vielen Unternehmen wird Kultur gar nicht so als Thema begriffen. Sie merken zwar, irgendetwas stimmt nicht, aber die haben einfach kein Konzept dafür zur Verfügung. In anderen Unternehmen redet neuerdings alles von Kultur, ohne dass klar ist, was man eigentlich damit will."

BS: Ja. Kultur ist schon wieder zum Modewort geworden. Leider werden berechtigte Anliegen oft durch unreife verbale Moden totgeredet, bevor zur Sache Wesentliches passiert ist. Beim Kunden muss man z. B. nicht von Kultur reden, wenn das nicht förderlich ist. Beim Kunden sagt man einfach: „Es kommt nicht raus, was rauskommen soll und den Leuten geht es nicht so gut wie es ihnen gehen kann, Prozesse laufen nicht wie erwartet. Lassen Sie uns schauen, was dazu beiträgt, dass es so ist und wie es anders gehen könnte." Das Wort Kultur muss dabei gar nicht benutzt werden.

Teilnehmer: „Ich glaube, dass manche Unternehmer sogar aggressiv werden, wenn sie das Wort Kulturentwicklung hören."

BS: Ja, und es gibt andererseits Unternehmen, die Millionen für Kulturentwicklung ausspucken. Und es gibt Dienstleister, die das Geld gerne nehmen, auch wenn sie wenig zu bieten haben. Ich selbst bin ja nicht in erster Linie Unternehmensberater, sondern Weiterbildner, Kollegenqualifizierer sowie Konzept- und Methoden-Entwickler. Ich arbeite seit 25 Jahren mit dem Begriff Kultur. Anfangs gab es vorwiegend verständnislose Reaktionen: "Wie? Kultur? Konzert oder was?" Und dann habe ich geantwortet: „Entscheidend ist nicht die Kultur, die sich im Feuilleton zeigt, sondern die im Wirtschaftsteil der Zeitung." Es war zunächst wenig opportun, von Kultur zu sprechen. Aber das ändert sich. „Kultur" entwickelt sich zum Gütezeichen, zum Wert-Wort, ähnlich wie „systemisch". Aber unter diesem Label wird nun auch vieles unkritisch gehandelt. Eigentlich müsste jedem klar sein, dass man Kultur nicht wie Konfektionsware von der Stange einkaufen oder sich nach gewünschten Maßen schneidern lassen kann. Es bleibt nur, was den Menschen passt und sie gewillt sind, jeden Tag zu tragen. Insofern ist Kultur eng verwandt mit der Kompetenz von Individuen und von Systemen, über die ich jetzt sprechen möchte.

34. Wieslocher Kompetenzformel

Die meisten von uns sind darauf geprägt, bei Kompetenz auf das Individuum, dessen Motivation und Handlungsradius zu schauen.

Damit das nicht so einseitig bleibt, wurde am isb der Kompetenzbegriff erweitert und die „Wieslocher Kompetenzformel" geprägt. Wir greifen dabei auf die Theatermetapher zurück, die man ja wunderbar verwenden kann, wenn Zutaten zu Wirklichkeitsinszenierungen bestimmt werden sollen.

Für professionelle Kompetenz brauche ich Rollenkompetenz. Ich muss meine Rolle kennen und können.

Wieslocher Kompetenzformel 1 – Individuen

Ich muss z. B. wissen, was die Rolle eines Qualitätsmanagers in einem Unternehmen ist und diese Rolle von ihrer Rollenlogik her kennen – unabhängig vom aktuellen Unternehmen. Und auch das reicht noch nicht, ich brauche zudem Kontextkompetenz: Ich muss wissen, wie das Unternehmen, in dem ich meine Rolle spielen will, tickt. Verstehe ich nicht wirklich, wie der Hase in meinem Unternehmen läuft und fehlen mir Lernprozesse, wie ich das rausfinden könnte, wird Qualitätsmanagement schwierig. Manche gehen dann weiter auf Schulungen, um noch mehr zur Rolle zu lernen. Das ist so, als wenn ein Schauspieler in einer Neuinszenierung nicht zurechtkommt und immer wieder zurück auf die Schauspielschule geht. Näher betrachtet haben sie oft ein hinreichendes Verständnis von der Rolle, müssen aber lernen, diese im Zusammenspiel in einer bestimmten Inszenierung in einem bestimmten Theater zu spielen. Fehlt Kontextkompetenz, dann kann diese nur im Kontext erworben werden. In Unternehmen sind es oft die Bildungsabteilungen, denen wenig anderes einfällt, als Leute immer wieder auf Weiterbildungen zu schicken. Dabei müssten sie eigentlich etwas anderes lernen. Die dritte Zutat ist die Passung. Hier ist auf der einen Seite ein Mensch in seinen Lebensbezügen, in seiner Entwicklung, seinen Bedürfnissen nach Sinn und wie er die Rolle spielen mag. Auf der anderen Seite ist die Art der Inszenierungen in diesem Theater mit diesem Ensemble unter diesem Regisseur. Das muss zusammenpassen oder in zumutbarem Aufwand zueinander gebracht werden können.

Wenn Passung zu wenig gelingt, kann sich Kompetenz nicht entfalten bzw. kostet zu viel Kraft.

Professionelle Kompetenz = Rollenkompetenz
mal Kontextkompetenz mal Passung

In dieser Formel sind die Komponenten multiplikativ verknüpft. Das soll illustrieren, dass jeder dieser Faktoren die anderen vervielfältigt. Wenn einer gering ist, können die anderen, so hoch sie auch sein mögen, das Ergebnis nicht wirklich ganz hochbringen. Die Formel hilft uns Bildungsleuten und unseren Kunden zu reflektieren, wo eigentlich der größte Nachholbedarf ist. Dort nachzulegen bringt multiplikativ den größten Effekt. Manche kommen ans isb zur Weiterbildung mit der Idee, neue Rollen zu lernen, ohne dabei zu realisieren, dass ihnen zum Erfolg eher Kontextkompetenz fehlt. Oder sie sind in einem Unternehmensfeld, in das sie nicht passen, deren Inszenierungen nicht ihrer Lebensart entsprechen. Das kann über Perfektionierung von Rollenkompetenz nur wenig verbessert werden.

35. Innere Bilder: auf der falschen Bühne?

Frage: „Können Sie vielleicht noch zu der Art der Inszenierung ein Beispiel bringen?"

Antwort: Ja. Jemand ist in einer Entwicklerrolle, sagen wir im IT-Bereich. Er weiß, was ein Entwickler ist, etwa im Unterschied zu einem Fertigungsleiter, einem Vertriebler oder einem Personaler. Er kennt Tools der IT-Entwicklung und versteht etwas von seiner Arbeit, die bislang in einer kleinen Software-Bude zu leisten war. Diese ist dabei, aus dem Startup-Status herauszuwachsen, weshalb er selbst sich aus einer erwachsenden Unruhe heraus beruflich neu orientieren will. So geht er zu SAP und kommt dort zu seiner Überraschung als Entwickler gar nicht zurecht. Er versteht seine Entwickler-Rolle im Zusammenspiel mit anderen in diesem Unternehmen nicht. Rein inhaltlich versteht er genug, aber er kann sich in seiner Arbeit nicht recht organisieren. Diese hängt viel mehr als früher vom „politischen" Zusammenspiel mit anderen ab. Auch lernt er nur schwer dazu, weil ihm genau das ziemlich fremd bleibt. Nun kann man versuchen, das alles technisch-sachlich zu klären, doch bleibt es eine Frage der Passung, die in diesem Kontext vielleicht nicht befriedigend beantwortet werden kann. Passungsfragen kann man oft besser metaphorisch stellen und beantworten.

Wir am isb haben Methoden für den Dialog mit inneren Bildern entwickelt. Im Dialog mit inneren Bildern kann man Stimmigkeit bezüglich Biographie und Persönlichkeitstyp in bildhafter Form abklären[18]. Bei der Erforschung, was jemand z. B. als Kind werden wollte, kann man vielleicht feststellen, dass er eher ein Typ ist, dessen Seele dann zu Hause ist, wenn er in einem kleinen Trupp als ein hoch intuitiver Pfadfinder wirken kann. Als solcher Entwickler in seinem Startup war ihm von SAP ein lukratives Angebot gemacht worden. Er war dabei außerdem von fachlicher Faszination und Weltläufigkeit bei SAP betört, ohne die tatsächliche Berufswirklichkeit und deren seelischen Qualitäten zu bedenken. Und nun stimmte die Passung nicht: Eine ganz andere Art der Inszenierung. Da wird First Class mit viel Geld flächendeckend inszeniert. Man muss nach innen wie nach außen darauf bedacht sein, eine gute Figur zu machen. Man muss die eigenen Lösungsideen auf ein komplexes Gesamtwerk zuschneiden und sich gegen konkurrierende Entwürfe durchsetzen. Man muss die eigene Arbeit schon im Vorfeld der Entwicklung auch an solche Schlüsselfiguren verkaufen, die

---

[18] 2016: www.isb-w.eu/campus/de/video/Innere-Bilder-Biographien-Berufslebenswege-2016VW1093D

eine ganz andere DNA haben usw.

Innere Bilder erzählen etwas von Lebensstilen und den eigenen Arten, in die Welt zu passen. Man kann lernen, mit ihnen Dialog zu halten, um bezüglich der eigenen Passungen urteilfähiger zu werden. Dabei muss man nicht auf vorgegebene Bilder beschränkt bleiben. Es können in der Auseinandersetzung mit der Außenwelt auch neue Bilder entstehen, in die man sich hineinentwickeln und dort heimisch werden kann. Doch es gibt auch Wirklichkeiten, in die man sich schlecht hineinentwickeln kann, die auch längerfristig immer Seelenkraft kosten, weil sie nicht wirklich passen. Trotz Rollen- und Kontextkompetenz kann es zum Burnout kommen, wenn etwas gelebt werden soll, was eigentlich nicht das Eigene werden kann. Deswegen ist Passung wichtig. Methoden, mit denen man bewusst über Passung zu entscheiden lernt, verbessern Leistung und Lebensqualität.

36. Inszenierungsstile

Oft ist der Stil, in dem Personen und Organisationen ihre Wirklichkeit inszenieren, wichtiger als die Inhalte, um die es dabei geht[19]. Unterschiedliche Menschen zieht es in unterschiedliche Milieus und zu verschiedenen Stilen von Inszenierungen. Manche lieben z. B. das Provisorische und das experimentelle Theater im kleinen Kreis, andere sind

---

[19] www.isb-w.eu/campus/de/schrift/Kap.11-Wirklichkeitsstile-teilen---isb-Handbuch-2019SB0161D

eher barocke Typen, die ohne einen Prokatvorhang und Promi-Logen gar nicht in Fahrt kommen. Sie passen vielleicht genauso wenig ins experimentelle Theater wie die anderen auf repräsentative Bühnen. Jeder hat da seine Neigungen, Varianten und Potentiale. Manches liegt in der persönlichen DNA, im Herkunftsmilieu oder in sonstigen Bedingungen. Wirklichkeitsstil und Stallgeruch entstehen weniger durch bewusstes Lernen als durch „Seinsprägungen". Deshalb behindern manche „gläserne" Absperrungen den Zugang zur Welt anderer. Dabei wirken gegenseitige intuitive Einschätzungen, auch wenn oder gerade, weil nie darüber gesprochen wird. Entgegen den heute üblichen Überhöhungen der Möglichkeiten für jeden, kann man nicht alles lernen, und ist nicht jedem alles und zu einem akzeptablen Preis möglich. Ich z. B. passe durchaus nicht überall hin, sondern habe mir eine passende Nische erschlossen. Ich finde z.B. Smalltalk-Events auch mit wichtigen Leuten öde. Da bleibe ich unberührt. Deswegen musste ich ein Institut entwickeln, zu dem die Leute mit wirklichen Anliegen kommen, durch Socken anziehen auch mental ihre Dienstverkleidung hinter sich lassen, andere duzen und sich als Lernpartner auf sie einlassen.

Es ist gut, wenn man lernt, sich realistisch einzuschätzen, und das geht am besten durch aufrichtige Spiegelung von anderen. Ich sage nicht, dass Milieu-Eignung statisch ist und Menschen in ihren zunächst vermuteten Grenzen bleiben sollten. Aber man muss auch bei Aufbruchsstimmung wach sein und schauen, wo man hinpasst. Manchmal sind Wechsel und Grenzüberschreitungen wirklich gut. Wir machen einen Sprung und sind darüber erstaunt, wie wir auch sein können. Ich erinnere mich z. B. an meine

Arbeit in den 1980er Jahren in Russland. Ich war dazu gekommen wie die Jungfrau zum Kind. Ich musste für unsere Delegation die dort üblichen Tischreden halten und stellte zu meiner Überraschung fest, dass ich eine solche Seite durchaus in mir hatte. In solchen Rollen habe ich heute noch kein Heimspiel, doch sind sie mir in meinem Repertoire geläufig geworden.

Die Bildung einer vertrauensvollen Atmosphäre, in der man sich über sonst tabuierte Themen austauscht, ist daher eine Königsdisziplin der Weiterbildung.

37. Spiegelungsübungen

Frage: „Hat Passung auch etwas mit der eigenen Klarheit über die Dinge zu tun? Also ob man sich selbst z. B. klar ist über seine Bedürfnisse?"

Antwort: Ja! Es ist stärkend, sich über sich klar zu werden, im Inneren - sozusagen im Spiegel der ehrlichen Selbstbetrachtung - und im Äußeren, d.h. im Spiegel der anderen. Das wird am isb insbesondere durch Spiegelungsgruppen gefördert. In jedem Seminar machen wir mindestens eine Stunde Spiegelung in Kleingruppen. Jeder beantwortet zunächst für sich vorgegebene Fragen, z. B. „mein Verhältnis zu Macht" und berichtet den anderen darüber. Die anderen achten auf ihre Resonanz, teilen mit, in welche Wirklichkeit sie sich eingeladen fühlen und registrieren ihre Reaktionen und eigene Bilder von dem, was sie vermutet hätten oder was nach ihrem Gefühl auch noch zur

Wahrheit gehört. Denn entsprechende innere Resonanzen gibt es sowieso, und sie steuern Beziehung mit, auch wenn man sich nie offiziell darauf berufen würde. Jetzt werden solche Resonanzen verbalisiert als Beschreibungen der eigenen Wirklichkeit, ohne den Anspruch, damit den anderen treffend zu charakterisieren. Manchmal braucht man jemand von außen, der etwas so sieht und beschreibt, dass man es an sich erkennt mit dem Gefühl: Das ist mir neu ... und doch habe ich es irgendwo gewusst. Couragierte Spiegelungen braucht man besonders, wenn man sich in irrige Gewohnheiten verwickelt hat oder unpassende Selbstverständnisse pflegt. Keiner weiß, wie es richtig ist und deswegen braucht es immer Chancen für kraftvolle Neu-Beschreibungen. Warnungen vor „Gefahren" solcher Offenheit sind meist übertrieben. In einer freiheitlichen Gesprächskultur kann sich jeder schützen. Die Seele des Gegenübers klinkt sich ohnehin nur dort ein, wo sie Stimmigkeit mit den eigenen Potentialen spürt.

38. Komplementäre Kompetenzen

Ich berate öfter Beratungsunternehmen. Da gründen z. B. zwei aufstrebende Berater begeistert eine Beratungsfirma. Beide wollen Berater sein. Keiner kann Unternehmer oder Marketing. Daher läuft es nicht richtig. Nun soll ein weiterer Berater mit tollen Themen den Durchbruch bringen. Ihnen ist nicht klar, dass sie zusammen bisher nicht das Portfolio an Kompetenzen haben, die man für ein Beratungsunternehmen braucht. Sie brauchen zunächst keinen weiteren Berater mit tollen Themen, sondern einen, der etwas Unternehmensführung und Marketing kann und mag. Sonst versuchen sich verirrte Seelen aneinander festzuhalten anstatt eine sich etwas fremd anfühlende, aber erfolgskritische, komplementäre Kompetenz dazu zu nehmen. Einzelkompetenzen kommen nicht hinreichend zur Wirkung, wenn komplementäre Kompetenzen fehlen. Es ist wie bei den Zutaten für einen Kuchen. Wenn ich keine Hefe hinzufüge, dann geht der Teig nicht auf, egal wie viel andere Zutaten ich noch dazu nehme.

Eine solche Gemeinschaft kann sich behelfen, wenn sie das Fehlende durch eine gemeinschaftliche Lernkultur entwickeln kann. Jeder hat seine Kompetenzen, aber haben wir von allem Nötigen genug an Bord? Jeder hat seinen Stil, um sich fortzubewegen und sich zu entwickeln. Aber haben wir gemeinsam einen? Gibt es gemeinsame Routinen, wenn es etwas zu lernen, zu klären usw. gibt oder müssen wir hier immer etwas neu erfinden? Worauf können wir zurückgreifen, um in der Sache zu lernen und uns nicht jedes Mal mit der Form des Lernens zu beschäftigen? Deswegen muss eine geteilte, gemeinschaftliche Lernkultur in einem Unternehmen entwickelt werden. Systemkompetenz entsteht durch das Zusammenfügen von komplementären Kompetenzen in einer gemeinschaftlichen Lernkultur. Dann können nämlich situativ Leute mit unterschiedlichen Kompetenzen zusammengeholt werden, nehmen beim Lernen in der Sache schnell Fahrt auf und haben weniger das Problem, mit fehlenden Kompetenzen zurechtzukommen oder sich in verschiedenen Herangehensweisen zu verheddern.

39. Gegenwarts - und Praxisorientierung

In verschiedenen Abteilungen gibt es ganz verschiedene Lern-Stile. Diese müssen bei abteilungsübergreifendem Lernen koordiniert werden. Zum Beispiel sollten Entwickler zusammen mit Fertigungsleuten und Verkäufern ein Produkt neu konzipieren. Die einen sind Kaufleute, die anderen sind Techniker und die nächsten sind wieder was anderes. Hier müssen Funktionen und Abteilungen, die durch unterschiedliche Professionswelten geprägt sind, zusammenspielen. Wie lässt sich das integrieren? Gemeinsame Lernkultur muss relevante Teilkulturen zusammenschließen können. Es muss einen gemeinschaftlichen Nenner geben, sonst hat im positiven Fall zwar jede Abteilung ihre eigene gemeinschaftliche Lernkultur, aber es klemmt abteilungsübergreifend beim gemeinsamen Lernen vielleicht wie bei der Zusammenarbeit. Zur Koordination wird als dritter Faktor oft eine etwas als exotisch empfundene Lernkultur von hinzugezogenen Dienstleistern darübergestülpt. Doch die meisten Internen sind nicht in erster Linie an OE, Kommunikation und Coaching interessiert. Es muss der Zusammenhang zur eigenen Arbeitsorganisation plausibel werden.

Wir am isb bemühen uns um Inhaltkonzepte und Arbeitsformen, die relativ leicht verstanden und als alltagsnah empfunden werden. Jeder versteht beispielsweise das Verantwortungskonzept. Klar doch: „Verantworten können, wollen, müssen, dürfen. Es ist interessant, alle vier Komponenten zu befragen und in Dialogen zu prüfen, ob man Vorstellungen zu Verantwortung teilt." Solche

Konzepte haben bei uns Vorrang. Dafür haben wir uns aus der „Psycho-Konzept-Kultur" etwas gelöst. Als ehemalige Psychotherapeuten waren wir zu fixiert auf Psychologie: „Wenn's klemmt, klären wir unerkannte Motivationen und Gefühle, bzw. deren biographische Wurzeln." Als Gegenbild habe ich ein Seminar auf einem Kongress „Charakteristika von Persönlichkeit und Beziehung ohne Psychologie" angeboten. Selbst in der Biologie wird neuerdings auch von Persönlichkeit gesprochen. Bei Ameisen z. B. zeigen sich persönliche Charakteristika und ganz verschiedene Beziehungen je nach Lebenslage und Zustand des Systems. Dadurch, dass ich den üblichen Biographie- und Motivationsbezug infrage gestellt habe, wurden gewohnte Denkweisen gegen den Strich gebürstet. Individuelle Biographien und frühkindliche Eltern-Kind-Beziehungen spielen bei Ameisen wohl kaum eine Rolle. Der biographische Zugang mag öfter durchaus Sinn machen, doch seine automatische Aktivierung und unhinterfragte Plausibilität sollte der Vergangenheit angehören.

40. Persönlichkeit und Kultur

Was die Persönlichkeit beim Individuum ist, das ist die Kultur bei einer Organisation. Das sind für mich Parallelbegriffe. Und genau so vielschichtig und unterschiedlich wie Persönlichkeit ist, ist natürlich auch Kultur. Bei der Ankoppelung verschiedener Persönlichkeiten in einer Beziehung entstehen dieselben Fragen wie beim Aneinanderkoppeln von Kulturen. Hierfür haben wir z. B. das Kulturbegegnungsmodell der Kommunikation entwickelt.

In Beziehungen kommen zwar Persönlichkeiten, durch sie aber auch Kulturen zusammen. Jeder, der verheiratet ist, kennt das. Da begegnen sich auch zwei Familien und deren Traditionen. Eine schwer zu lösende Aufgabe, bei der man sich aber tapfer schlagen kann. Die Subkulturen von Organisationen dürfen ihre Eigenarten bewahren, so wie wir auch Persönlichkeitseigenarten bewahren wollen. Trotzdem muss das Unternehmen integriert werden.

Jede Kulturbildung darf ihr eigenes Gepräge haben, muss sich aber anschlussfähig machen. Verantwortung für Anschlussfähigkeit darf nicht der Selbstoptimierung zum Opfer fallen. Wie breit das Spektrum sein darf, damit es noch integrierbar bleibt, muss im konkreten Fall entschieden werden. Das heißt, auch unsere Konzepte müssen auf Anschlussfähigkeit an verschiedene Subkulturen oder verschiedene Führungsstile ausgerichtet sein. Es ist immer leichter, wenn man aus nur einer Perspektive optimiert. Aber am Ende ist es ein Mannschaftsspiel, und deswegen dürfen die Berater - ich spreche jetzt aus meinem Berufsbild - das, was sie toll finden, nicht übermäßig in den Vordergrund rücken und dem Kunden als allein gültig beibringen. Sondern sie müssen solche Vorgehensweisen wählen, die man ohne Vorbildung in der eigenen Disziplin relativ schnell lernen und in den Alltag einschleusen kann. Unsere Kunden brauchen ihre Kraft für ihre Welten. Dort gibt es genug zu lernen bezüglich der Aufgaben und dem Zusammenspiel vor Ort. Eigentlich banal, aber doch so oft vergessen.

41. Gebrauchsanweisungen

Wenn Lernen der entscheidende Erfolgsfaktor ist, wäre es gut, wenn jeder anderen verständlich machen könnte, wie er selbst lernt und welches gemeinsame Lernen er befördern kann und mag. Also: Wir sollten studieren, wie wir eigentlich lernen, damit wir es anderen für das gemeinsame Lernen erklären können: „Ich funktioniere so und so. Damit wir gut zusammenkommen, macht das bitte so." Ein Beispiel: Ein Lehrtrainer und ich hatten immer wieder Unstimmigkeiten wegen der Unterschiede beim Schreiben von Berichten. Er verfasste seine Berichte in Stichworten. Ich bat ihn: „Bitte schreib ganze Sätze, ich verstehe Stichwörter nicht." Wenn ich dann Protokolle in ganzen Sätzen schrieb, was machte er? Er nahm einen Marker heraus und markierte Stichworte. Wir hatten einfach verschiedene Stile, und er musste dabei verstehen, dass, wenn er sich über Stichworte gut organisieren kann oder über Mindmaps, klappt das für ihn super, sagt mir aber nicht viel. Für mich muss er ganze Sätze schreiben, auch wenn er die für unnötig hält.

Und so muss jeder herausfinden, was er braucht, um gut lernen zu können. Wir am isb stimulieren selbständiges und kollegiales Lernen[20]. Selbständiges und kollegiales

---

[20] 2009/2010: Kollegiale Beratung und Kooperation am Arbeitsplatz. B. Schmid, T. Veith, I. Weidner. Einführung in die Kollegiale Beratung. Heidelberg: Carl-Auer Compact. www.isb-w.eu/campus/de/schrift/Kollegiale-Beratung---Lernen-und-Kooperieren-im-Arbeitsprozess-2010SI0137D

Lernen sind Hauptmedium des Lernens im Alltag. Jeder sollte dabei Verantwortung übernehmen, sich anschlussfähiger zu machen. Beim miteinander Lernen anlässlich von Kooperation ist es gut, wenn ich etwas darüber weiß, wie ich lerne und wie die anderen lernen. Es ist gut, dafür Aufmerksamkeit zu entwickeln und Metaloge zu eröffnen, wenn es nötig ist, um nicht in unnötige Konflikte zu geraten. Dazu gehört, Lernhelfer für die anderen zu werden, sowie Regie zu führen über die Arbeits- und Lernformate, die im Unternehmen zur Lernkultur gehören.

42. Lernregisseur sein

Neben den offiziellen Organisationsrollen sollte jeder auch als Regisseur für Lernen tätig sein. Die intern Verantwortlichen sollten Lernverantwortung in ihr Selbstverständnis und Lerngestaltung in ihr Können aufnehmen. Kompetenz in Sachen Lernen bei besonderem Bedarf und als Extra-Veranstaltung von außen einkaufen, funktioniert meist nicht wirklich. Lernen muss eingebettet sein. Jetzt könnte man einwenden: „Ich wollte kein Pädagoge werden, dann hätte ich auch gleich Lehrer werden können." Das kann man verstehen, doch muss ja auch jeder ein Minimum an wirtschaftlicher Verantwortung und Können entwickeln, auch wenn er hauptsächlich Ingenieur oder Verwalter sein wollte.

Um die heute erforderliche Zusatzverantwortung und -Qualifikation integrierbar zu machen, reduzieren wir didaktisches Knowhow auf die wichtigsten Arbeitsfiguren und stellen didaktisches Material auf dem isb campus[21] frei zur Verfügung. Dort bieten wir eine überschaubare Menge an Formaten an - nicht zu viele, damit nach einer Zeit jeder die Formate bedienen und anleiten kann. Ohne selbst eine Didaktik entwickeln zu müssen, können Lernpartner als Anleiter und Multiplikatoren bewährte Materialien nutzen. Die Logik steckt in der Übung, die man aus der eigenen Weiterbildung kennt und bei deren Nutzung man Regie führen kann. Wer über ein solches Minimum hinaus didaktische Ambitionen entwickelt, dem wird jede Unterstützung seitens des isb campus zuteil.

43. Beratermarkt-Übung

Frage: „Was kann ich tun, damit immer mehr KollegInnen in ein beraterisches Verständnis von Zusammenarbeit hineinwachsen? Also wie kann ich das quasi als Regisseur inszenieren?"

Antwort: Dafür gibt es im didaktischen Repertoire des isb viele einfache Übungen, die an Gesprächsführung als „Learning Conversation" heranführen. Als Beispiel eine schon etwas anspruchsvolle Übung, die aber gleich mehrere Lernebenen widerspiegelt:

Untergruppen, vier TeilnehmerInnen A, B, C, D

A präsentiert ein Problem, B interviewt A, C und D hören zu. B lernt, dass er an der Stelle eigentlich hauptsächlich verstehen und keine Lösung finden muss, dass er nicht auf der Inhaltsebene bleiben muss und dass er A nichts verkaufen muss. C und D schauen drauf, ob B seine Rolle versteht und einhält, den Fokus hält und den Ablauf designgemäß steuert. Sie spiegeln ihre Beobachtungen an B und geben Empfehlungen für die Gesprächssteuerung. Da Gespräche die unterschiedlichsten inhaltlichen Schwerpunkte haben und jeder mehrfach in den Rollen dieser Übung ist, lernen Mitlernende automatisch, andere zu beraten.

Hier noch eine komplexere Variante einer Beratungsübung mit Berater-Markt-Turbo:

A hat ein Problem. B, C, und D bewerben sich als Berater. Jeder macht in einem 5-Minuten-Gespräch mit A eine kurze Ortsbegehung. Daraufhin sagen B, C und D wie sie A's Anliegen verstehen, wohin eine Entwicklung gehen kann und was sie mit A besprechen würden, um dorthin voranzukommen. Jeder bietet sich also als Berater an, und dann wählt A, von wem er beraten werden möchte. Wer ausgewählt wird, wechselt nun in die Beraterrolle B und die anderen beiden in die Beobachterrollen C und D. Unabhängig von der Beratung lernen sie dabei Rollenwechsel und ihre jeweiligen Rollen und Ebenen einzunehmen und zu halten. Am Anfang behilft man sich, indem man tatsächlich Stühle wechselt, was den Rollenwechsel körperlich ankert. Das Erlernen von Übungen, das Klären und

Einhalten von Rollen, Ebenen und Perspektiven sowie die entsprechenden Selbststeuerungen bringen neben Beratungskönnen eigentlich die wichtigste Qualifikation. Ob man das am Ende Beratung nennt, ist weniger wichtig. Ich nenne es „Learning Conversation". Da am isb so gelernt wird, ist die Weiterbildung auch für Professionelle bereichernd, die nicht Berater werden wollen.

44. Didaktische Gewohnheiten

Dabei entwickeln sich gute Gewohnheiten, und wir brauchen sie auch, weil uns sonst die Komplexität der Lernorganisation situativ übermäßig beansprucht. Es braucht also nicht nur Kreativität und Vielfalt, es braucht auch Regelmäßigkeit und Übersichtlichkeit durch ein bestimmtes Repertoire, das alle kennen.

Es war früher so, dass die Unternehmen ihre Personalleute zu allen möglichen Schulungen geschickt haben, nach dem Motto: „Wenn wir unsere Teilnehmer überallhin schicken, dann haben wir danach das Beste von überall im Haus." Doch tatsächlich hatte man babylonische Verwirrung im Haus. Die Kraft floss dann überwertig in Abstimmung, oder es war relativ zufällig, was dann zur Geltung kam. Heute ist das in vielen Unternehmen anders geworden: Sie schicken die Leute regelmäßig zu Schulungen mit einer bestimmten und ausgewählten Programmatik. Wenn sie zurückkommen, merken sie oft erst im Alltag mit anderen, mit wem sie sich leicht Hand in Hand organisieren können und wo dies schwierig ist. Oft erkennen sich die, die sich eine gemeinsame Lernkultur vertraut gemacht haben, daran, dass sie sich leicht zusammenfinden. Es gibt Unternehmen, in denen allein durch die Anzahl derer, die beim isb Weiterbildung gemacht haben, isb-Elemente zunehmend als Teil der Lernkultur des Unternehmens selbstverständlich werden.

Gelegentlich wird hier eine „Monokultur" befürchtet, und natürlich wäre eine Uniformierung, die nicht zur Vielfalt einer Organisation passt, genauso fehl am Platze wie beliebige Vielfalt. Weder Monokulturen noch beliebige Vielfalt bereichern Kultur. Wie bei jeder Steuerung gilt es, manche Dinge zu festigen und andere offen zu lassen. Wichtig ist, nicht in alle Richtungen, sondern gemeinschaftlich irgendwohin zu laufen. Eine meiner ersten Schülerinnen und viele Jahre bei einem Technologie-Konzern in verantwortlichen Positionen tätig, sagt: „Viele Unternehmen machen den Fehler, ständig ihre Organisationsform zu verändern und dadurch ständig diese Veränderungen bewältigen zu müssen. Es bleibt zu wenig Kraft für ihr eigentliches Geschäft, weil sie verwechseln, was man stabil halten und was man ändern muss." Auch in der Organisationsentwicklung kann man entscheidende Fehler machen. Natürlich hemmen oft zu starre Organisationformen, doch ist hohe Beweglichkeit nicht unbedingt die Lösung. Organisationen brauchen gerade dann hohe Stabilität in Abläufen und Kultur, wenn sie für das eigentliche Geschäft flexibel werden müssen. Wenn man allgemein eine Flexibilitäts-Ideologie fährt und zu wenig stabilisiert, entsteht keine leistungsfähige und stimmige Wirklichkeit. Was wichtig ist, weiß man immer nur im konkreten Fall. Es gibt keine allgemeinen Rezepte.

Man kann nur Gesichtspunkte aufzeigen, erklären, welche Scheinwerfer wir auf Organisationen und deren Geschäft richten. Wir können nicht sagen, was im einzelnen Fall zu sehen sein sollte. Das kann man immer nur am konkreten Beispiel.

45. Solide Kontrakte

Generell ist gut arbeiten, wenn man mit kompetenten und realistischen Partnern belastbare Verabredungen treffen kann. Schwierig ist es, wenn Auftraggeber mit festen Vorstellungen, die nach unserer Einschätzung auf unausgegorenen Ideen beruhen, auf einen zukommen. Dann gilt: Unreifen Anfragen mit faulen Kompromissen begegnen zu wollen, erzeugt jede Menge Folgeprobleme. Irgendjemand im Unternehmen hat z. B. nach seinem Verständnis die Fragestellung, den Auftrag und die Logik einer Bearbeitung durch Externe definiert und lädt nun innerhalb dieser Wirklichkeitslogik zur Abgabe eines Angebots ein. Um den Auftrag zu bekommen, ist man aufgerufen, auch nicht plausible Erwartungen zu erfüllen, manchmal in der Hoffnung, die Sache irgendwie nach Beauftragung geradeziehen zu können. Zu oft geht das schief, oder es wird etwas über die Bühne gebracht, von dem letztlich niemand so richtig überzeugt ist.

Als Gegenbeispiel will ich erzählen, wie einer meiner Kollegen mit eigenem Beratungsunternehmen das macht. Er lehnt zum Beispiel freundlich Pitches auf klassische Art ab, probiert aber einen neuen Aufschlag in folgendem Sinne:

„Wenn Sie bei mir anfragen heißt das, dass Sie irgendeine Idee haben, dass sich das bei uns lohnen könnte. Ich biete Ihnen folgenden Deal: Sie kommen zu dem Thema, zu dem Sie etwas machen wollen, mit zwei, drei Leuten, die dafür wichtig sind, zu uns, und ich komme mit zwei, drei Beratern. Sie kostet das erstmal gar nichts. Sie erzählen in ein bis drei Stunden, welches Problem Sie lösen wollen und wir sagen Ihnen, was wir glauben, welche Dienstleitung Sie brauchen. Dann entscheiden Sie, ob Ihnen das „Sinn" macht und ob Sie sich für unsere Dienste interessieren." Meist gelingt so ein „Gamechange". Sobald man nur besser abklopft, welches Problem eigentlich gelöst werden soll, merkt man, was von der Selbst-Diagnose und der geplanten Vorgehensweise man teilt und was nicht. Dann geht es darum, eine wirkliche Kontraktverhandlung auf Augenhöhe zu führen. Das ist viel schwerer, wenn man bereits in einem Setting und festen Schema sitzt, mit Leuten, die in diesem Raster bedient werden wollen. Also auch hier: Jedem Anfang wohnt eine Kulturvorstellung inne!

Auch sollte der Support durch die gesichert werden, die letztlich entscheiden, insbesondere auch über die Umsetzung in Regelprozesse. Mein Kollege sagt: „Wir werden uns gerne überlegen, wie wir das alles machen können, aber davor brauchen wir noch eine halbe Stunde mit Ihnen und dem zuständigen Entscheidungsträger, damit wir sicher sein können, dass das auch wirklich das ist, was er unterstützen will. Und Sie hören auch zu, und dann reden wir später darüber, ob es das war, was auch Sie sich vorstellen können." Und oft entsteht im offenen Gespräch mit dem Entscheidungsträger nach und nach eine ganz andere Welt als die, die sich in den vorbereiteten Schemata gezeigt hätte. Wenn nun der Entscheidungsträger von einem ganz anderen Ansatz überzeugt wird, mag das nicht jeder Projektleiter, der sich schon was anderes zurechtgemacht hat. Dann muss dieser eventuell in einer weiteren Runde überzeugt werden. Wenn nicht, können delikate Prozesse entstehen.

Und natürlich ist es toll, wenn in der Projektleitung und in der Personalabteilung Menschen sitzen, die dem isb verbunden sind. Dann kommt es von vornherein weniger zu schematischen Vorstellungen, die erst wieder abgeräumt werden müssten. Dann kommen eher Kulturen zusammen. Für Klärungsfragen dieser Art sollte man wissen, wer man ist, für welche Konzepte, für welche Programme, für welche Art von Maßnahmen, für welche Art von Zusammenarbeit von Professionellen, externen und internen, man steht. Man braucht eine Identitätsbildung, ein Profil der eigenen Firma, man braucht eine Programmatik. Es reicht nicht zu sagen, ja, ich bin für Kommunikation und irgendwie mache ich bei allem mit, denn Kommunikation braucht man immer. Diese Art von Geschäften stirbt aus.

46. Zum Schluss

Ein Teilnehmer in der Abschlussrunde:

„Ich bin heute Morgen hierhergekommen mit Neugier auf den Tag. Ich habe gemerkt, wie viel Erfahrung und wie viele verschiedenen Ebenen und Themen Sie mit einbringen. Mir kommt dabei das Bild vom Reduzieren einer Soße in dem Sinn, dass sie lange köcheln muss, damit wirklich das Beste herauskommt. Und ich habe heute ein ganzes Buffet vom Besten bekommen. Es wird bei mir persönlich jetzt noch einige Tage brauchen, bis ich das „verstoffwechselt" haben. Es war sehr, sehr reichhaltig und man merkt einfach Ihre lange Erfahrung die dahintersteckt, um solch gute Reduktionen herauszuholen. In diesem Sinne sehr vielen Dank!"

Wie schön! Vielen Dank!

Teil II

1. Lernen und Arbeiten gehören zusammen

Ein fiktives Interview zwischen dem Alter Ego
Andreas Fabro (AF) und Bernd Schmid (BS)

Zusammenfassung

Lernen und Arbeiten wachsen zusammen und sollten nicht länger isoliert betrachtet werden. Die Persönlichkeit von Mitarbeitern sowie die Lern- und Arbeitskultur müssen von vornherein in die wissenschaftliche und professionelle Qualifikation einbezogen werden. Immerhin stimmen Arbeitsdidaktik und Lerndidaktik in vielen Bereichen überein. Dieser Wandel zieht erhebliche Veränderungen aller Beteiligten und Institutionen nach sich.

Andreas Fabro (AF): Herr Schmid, Sie stehen für integrative Konzepte und Vorgehensweisen im Bereich systemische Beratung, Professionalisierung und Organisationsentwicklung. Wieso das in Zeiten, in denen sich Spezialistentum immer mehr ausdifferenziert?

Bernd Schmid (BS): Spezialistentum und immer differenziertere Betrachtung aus jeder Teilperspektive sind das eine. Doch ergibt erst die gelingende Zusammenschau aus den unterschiedlichen Perspektiven ein stimmiges Bild. Erst das integrative Zusammenwirken der Player aus ihren verschiedenen Verantwortungen erzielt eine sinnvolle Gesamtwirkung. Jeder kennt das, dass zwar viele Teilperspektiven oft abwechselnd im Vordergrund stehen, aber es schwer ist, die verschiedenen Ansätze gleichzeitig zu würdigen und in ein Zusammenspiel zu bringen.

AF: Müssen nicht die verschiedenen Disziplinen ihre Ansichten und Vorgehensansätze zunächst nach ihrer eigenen Logik unabhängig entwickeln, lehren und lernen? Und ist das Zusammenfügen dann nicht eine Aufgabe für die Praxis?

BS: So wird gewohnheitsmäßig gedacht. Das Problem ist nur: Wenn die Konzepte und Vorgehensweisen nicht von vornherein auf Integrierbarkeit angelegt sind, sind die Professionellen mit der Integrationsaufgabe überfordert. Komplexe Prozesse in Organisationen scheitern oft daran, dass die vielfältigen Aspekte nicht integriert werden können. Normalerweise sind wechselseitige Missverständnisse bereits große Hindernisse in der Zusammenarbeit, zumal wenn sich die Akteure wenig kennen. Wenn dann auch noch die Ansätze inhaltlich und methodisch verschiedenen Welten angehören und völlig verschiedene Fachsprachen gesprochen werden, wird es doppelt schwierig. Häufig genug ist dies wirklich unumgänglich. Doch oft handelt es sich auch um Probleme, die schlicht fachlichen Gewohnheiten und Egozentrik geschuldet sind. Nach langen auseinanderlaufenden Diskussionen wird oft dann doch suboptimal nach ziemlich eindimensionalen Gesichtspunkten entschieden. Solche Probleme könnten durch Sorgfalt bezüglich Integrierbarkeit behoben werden.

AF: Wieso ist das ein Problem der professionellen Qualifikation?

BS: Je mehr die Disziplinen Eigengesetzlichkeiten entwickeln, ohne sich auf Integrierbarkeit auszurichten, umso mehr entsteht in der interdisziplinären Zusammenarbeit babylonische Verwirrung. Menschen überhaupt und akademische Disziplinen insbesondere neigen zu dem, was ich „Wirklichkeitsimperialismus" nenne. Andere sollen sich in die eigene Sichtweise einpassen. Doch wenn Konzepte und Vorgehensweisen nicht auf Anschlussfähigkeit ausgelegt sind und die professionelle Persönlichkeit nicht auf selbstverständlichen Dialog mit anderen Wirklichkeitszugängen ausgerichtet ist, tut man sich schwer, im interdisziplinären Zusammenspiel zu gemeinsamen Wirklichkeitsbildern und wohl abgestimmten Prozessen zu kommen.

AF: Was folgt daraus?

BS: Integrierbarkeit und Integrationskompetenz sollten elementare Entwicklungsprinzipien jeder Disziplin und jeder Qualifikation sein. Zumindest in Weiterbildungen, die professionelle Handlungskompetenz in komplexen Systemzusammenhängen zum Gegenstand haben, darf man Integrationskompetenz nicht als Umsetzungsproblem auf später verschieben. Sie sollte von Anfang an ein wesentliches Gütekriterium für die Auswahl und Entwicklung von Konzepten und Vorgehensweisen sowie für die Gestaltung von Lernereignissen sein. Das ist ein Perspektivenwechsel, der insbesondere im Bereich akademischer Bildung schwerfällt. Dort wird in Grundwissen gedacht, das dann später spezifiziert und konkretisiert und noch viel später vielleicht auf seine praktische Bedeutung und Integrierbarkeit in gemeinsame Verantwortung geprüft wird.

AF: Aber geht es im Studium und in der Weiterbildung

nicht erst um Grundlagen?

BS: Ich arbeite mit einem anderen Verständnis von Grundlagen. Mit professionellen Grundlagen meine ich die Etablierung einer aktiven, kollegialen Lernkultur, in der Wissen bedarfsgerecht aufgerufen, erarbeitet und ausgetauscht wird. In dieser Lernkultur fühlt man sich dann kompetent, wenn man kreativ zusammenarbeitet, klärt, was aus vorhandenen Perspektiven geklärt werden kann und sich gemeinsam aufmacht, neue relevante Perspektiven und das dafür notwendige Wissen zu erschließen. Dies wirkt der Tendenz entgegen, die Welt auf das zu beschränken, wofür man eben Wissen und Kompetenzen zu haben glaubt und seine Identität dadurch zu stärken, dass man mit der eigenen Perspektive die Welt erklären kann. Solche Kompetenzen sind handlungsorientiert und auf Anschlussfähigkeit angelegt, können aber nach Bedarf mit dem Erwerb von tiefergehenden wissenschaftlichen Verständnissen und Vorgehen in vielen Dimensionen angereichert werden.

Die Erfahrung zeigt, dass Professionelle, denen kollegiales Lernen und Arbeiten bei der Professionalisierung nicht selbstverständlich geworden ist, sich auch in der Arbeit damit schwertun. Leider sind wenige Aus- und Weiterbildungen auf kollegiales Lernen angelegt. Die meisten Studiengänge und viele Weiterbildungen wirken immer noch wie ein nicht abgestimmtes Nebeneinander. Die Integration in die persönliche Steuerung und in einen Handlungskontext wird als Transferproblem in die Praxis behandelt und als individuelle Verantwortung den Lernenden überlassen. Selten wird in den Inhalten, in der Studiengang-

Gestaltung oder in den Lernprozessen Integration gelebt.

AF: Gerät bei so viel Subjektivität nicht Wissenschaftlichkeit oder objektive Fachlichkeit zu sehr aus dem Blickfeld?

BS: Wenn man diese Seite der Medaille absolut setzen würde, schon. Doch es geht nicht um ein Entweder-oder, sondern um die Frage, was jeweils Vordergrund und was Hintergrund sein soll, was strukturbildendes Prinzip und was Ausstattung. Diese Frage kann von Fall zu Fall unterschiedlich beantwortet werden, aber eben nur, wenn beide Prioritäten zur Verfügung stehen. Anspruchsvolle Aufgaben erfordern oft einen vielschichtigen und konstruktiven Umgang mit Komplexität. Komplexität erfordert gemeinsames Handeln, obwohl vieles prinzipiell offen und unwägbar bleibt. Der Rückzug auf die vermeintlichen Sicherheiten des eigenen Faches kann hier sogar kontraproduktiv sein. Man flüchtet leicht aus Unsicherheit auf scheinbar objektives und sicheres Terrain, manchmal umso fundamentalistischer, je mehr sich dieses als eine schmelzende Eisscholle erweist.

AF: Kommt hier noch mehr das subjektive Element von Individuen und professionellen Gemeinschaften ins Spiel?

BS: Ja, spätestens das professionelle Handeln ist Ausdruck auch von Individualität. „Sachzwänge" sind selten faktisch, sondern Ausdruck einer Lebenskultur, die eben auch anders sein könnte. Oft wird dies ausgeblendet, aus Unsicherheit, wie damit umzugehen ist. Doch persönliche Professionalität und Verständnisse von Wirklichkeit einer professionellen Gemeinschaft reichen ins Subjektive, das heißt in die biographisch gewachsene Persönlichkeit

Einzelner und in die gewachsene Lebenskultur von professionellen Gemeinschaften.

AF: Was folgt ihrer Meinung nach daraus?

BS: Die Persönlichkeit der Professionellen und die Auseinandersetzung mit der Professions-, Lern- und Organisationskultur müssen von vornherein in die wissenschaftliche und professionelle Qualifikation und ins gemeinsame Lernen und Arbeiten einbezogen werden. Die Persönlichkeit ist das Instrument, auf dem die professionelle Musik gespielt wird, also müssen Instrument und Musik passend zueinander entwickelt werden. Die Lern- und Arbeitskultur ist entscheidend dafür, ob Musiker mit unterschiedlichen Instrumenten zu einem Orchester zusammenwachsen, sich gegenseitig und als Gemeinschaft auf bewegende Musik einschwingen. Individuelles Können und Orchesterfähigkeit gehören zusammen. Sie sollten auch im Zusammenspiel entwickelt werden. Doch soll auch daraus nicht wieder ein Dogma gemacht werden. Es gibt sicher auch andere Wege. Doch werden die Chancen individuellen und gemeinschaftlichen Lernens noch längst nicht ausgeschöpft.

AF: Sind aber nicht Lernen und Arbeiten als verschiedene Bereiche anzusehen, die doch nach unterschiedlichen Logiken funktionieren und für deren Qualität sich verschiedene Professionen bzw. Funktionen in einer Organisation wie Lehrer, Personalentwickler oder Führungskräfte zuständig erklären?

BS: Das stelle ich zunehmend infrage. Der Trend geht zum personalen Lernen in professionellen Gemeinschaften, zu supervisionsorientierten Weiterbildungen, in denen immer näher an den spezifischen Steuerungsbelangen bei der Arbeit im Feld gelernt wird. Arbeiten heißt heute immer öfter, etwas gemeinsam entwickeln. So kann z. B. kollegiale Beratung in einer Lerngruppe zu einer Inszenierung werden, die sich von einer guten Arbeitsbesprechung, einem guten Auftragsklärungs- oder Entwicklungsgespräch kaum unterscheidet.

AF: Soll beratungsorientiertes Professions- und Organisationslernen generell zu einem Modell für kompetentes Arbeiten in Organisationen werden?

BS: Von vielen Qualitäten her gesehen schon. Doch gibt es auch Unterschiede. Unabhängig vom Thema Lernen steht oft die Auseinandersetzung mit einem anderen Inhalt, einem Ablauf oder mit komplexen Gedankengängen im Vordergrund. Dennoch macht es Sinn, in anderen Momenten Lern- und Arbeitssituationen im Zusammenhang zu betrachten. Eine Didaktik des kreativen Arbeitens entspricht einer Didaktik des kreativen Lernens. Vielleicht muss man vom Begriff Didaktik etwas Staub von hergebrachter Schulstundengestaltung wegblasen. Neuere Didaktik fragt umfassend, „wer was wann mit wem, wo, wie, womit, warum und wozu lernen soll." Alle diese Fragen müssen auch in Bezug auf Arbeiten beantwortet werden. Arbeitsdidaktik und Lerndidaktik, Arbeitskultur und Lernkultur stimmen in vielen Bereichen überein.

AF: Sie plädieren also dafür, die Integration von Lernen und Arbeiten zum Programm zu erheben?

BS: Ja! Von jeher finden die meisten berufsbezogenen

Lernprozesse bei der Arbeit statt. Dies geschieht eben nur „unverwaltet und unbetreut", und wird daher zu wenig beachtet und bewusst gestaltet. Natürlich wird Lernen bei der Arbeit immer schon irgendwie auch berücksichtigt, neuerdings besonders etwa in Projekten und wenn Berater oder Supervisoren mitwirken. Doch sollte man weiter gehen und diesen Zusammenhang zum Programm machen. Sollte man nicht das Selbstverständnis der Beteiligten als Verantwortliche und Kompetente für Lernen stärken? Sollten nicht entsprechende didaktische Konzepte und Kompetenzen mehr gewürdigt werden? Vielleicht stellen wir uns heute nur bewusster und ausdrücklicher einer naheliegenden Entwicklung. Noch einmal: Lernen findet beim Arbeiten sowieso statt. Und dies wird auch künftig so sein. Wie kann man also eine Arbeitskultur fördern, damit Lernen nicht nur stattfindet, sondern gleichzeitig bewusst wird und entsprechende Verantwortlichkeiten und Kompetenzen gewürdigt werden? Wir meinen: Führungskräfte brauchen mehr didaktische Kompetenz zur Mitgestaltung von Lernkultur. Lehrende und Lernende brauchen mehr Einbindung in Professions-, Arbeits- und Organisationskultur.

AF: Werden nicht dadurch komplizierte Prozesse noch komplizierter gemacht?

BS: So mag es erscheinen, solange man sich da etwas unbeholfen fühlt. Aber schon heute haben z. B. Führungskräfte viele neue Kompetenzen und Selbstverständnisse erworben. Einiges davon ist gemeint, wenn von der „Führungskraft als Coach" gesprochen wird. Wenn Führungsetagen Umschichtungen erfahren und auch andere

Persönlichkeitstypen gewürdigt werden, kann das Organisationen enorm bereichern. Und schließlich sind diese steigenden und zunehmend ineinandergreifenden Anforderungen an Lernen und Arbeiten ja keine Erfindung auftragshungriger Berater. Dynamik und Komplexität in Organisationen, die Vielfalt und der schnelle Wechsel zwischen Rollen, Bühnen, Inszenierungen bei gleichzeitiger Auflösung stabiler Zugehörigkeiten und Zuständigkeiten erfordern ohnehin für alle, sich abzustimmen und gemeinsam zu lernen, wie das alles gelingen kann.

Daher macht es auf Dauer keinen Sinn, dass Führung, Lernen und Arbeiten als unterschiedliche Ereignisse konzipiert werden. Lernen und Arbeiten sollten eher als zwei Perspektiven für ein und dasselbe Ereignis verstanden werden. Beide Gestaltungsperspektiven sollten aufeinander bezogen und integriert werden, ob das Ereignis nun Lernen oder Arbeiten heißt.

AF: Birgt dies nicht die Gefahr, dass die letzten Reservate für Bildung dem Leistungsgedanken untergeordnet werden?

BS: Das wäre die negative Variante. Verhindern ließe sich das wohl kaum, da es kaum einen Fortschritt gibt, der nicht ausgebeutet oder missbraucht werden könnte. Wir sollten uns positiv an die Spitze der Bewegung setzen. Ich sehe eher Chancen für Leistungsverdichtung bei gleichzeitiger Zunahme von Stimmigkeit und Lebensqualität beim Lernen und Arbeiten. Gleichzeitig könnte dies der wirtschaftlichen Zukunftsfähigkeit dienen. Produktivitätsgewinne entstehen dadurch, dass verschiedene Funktionen, welche bisher wenig integriert und separat abgearbeitet wurden (z. B. Lernen, Arbeiten, Führen, Mitarbeiterentwicklung etc.), gleichzeitig erfüllt und entwickelt werden. Ereignisse und Ergebnisse werden zunehmend multifunktional. Lern- und Arbeitsprozesse dienen vielen Zwecken und möglichen Entwicklungen gleichzeitig. Das erhöht Freiheitsgrade, ohne dass die Wirtschaftlichkeit oder sinnvolles Arbeiten infrage gestellt werden.

AF: Sie mahnen hier zum Aufbruch?

BS: Ja. Noch sind eben die Spielräume dafür da. Wir können jetzt erhobenen Hauptes wohin gehen, wohin wir sonst vielleicht eines Tages wegen Fehlentwicklungen auf den Knien gezerrt werden. Ich verweise nur auf psychosomatische Störungen, auf Depressionen, Zwänge und Ängste, die auch bei Hochleistern dramatisch zunehmen. Burnout droht denen, die sich engagieren und bei übermäßiger Karriereorientierung. Doch auch wer „es geschafft" hat, ist betroffen, beispielsweise von „Boreout", wie die durch Sinnentleerung entstehende Erschöpfung neuerdings genannt wird. Es geht auch darum, beim Arbeiten gesund und leistungsfähig zu bleiben.

Vielleicht sollte man sich an die alte Seemannsregel erinnern: „Eine Hand für das Schiff und eine für sich selbst!" Oder man sollte sich vielleicht an einer fernöstlichen Haltung orientieren, nach der 50 Prozent aller Bemühungen, dem Erreichen von Zielen und die anderen 50 Prozent, der Anreicherung von Lebenserfahrung und Sinnentwicklung dienen sollen. Vielleicht sollte man diese Haltung auch in Lern- und Arbeitsprozessen betonen: 50 Prozent zielgerichtetes Lernen und Arbeiten und 50 Prozent Lern- und Arbeitskulturentwicklung.

AF: Zieht das nicht erhebliche Veränderungen für das Selbstverständnis der Beteiligten und der Institutionen nach sich?

BS: Doch, das ist zu erwarten. Veränderungen im Selbstverständnis können unbequem aber auch bereichernd sein. Heute ist ein Bildungsfachmann meist jemand, der irgendwo in einem Gebäude tätig ist, wo es Seminarräume und andere Einrichtungen für Lehre und deren Verwaltung gibt. Dort wird irgendein Programm entwickelt, durchgeführt und verwaltet. Und die Bildungswilligen kommen meist dorthin und unterwerfen sich weitgehend der Logik dieser Institution. Hat man Glück, bleibt so eine Insel über die eigene Berufszeit einigermaßen stabil. Hat man Pech, verliert sie Anschluss und Versorgung. Wer mit Anpassungen zu spät kommt, den bestraft das Leben.

AF: Wie könnte das in Zukunft aussehen?

BS: I have a dream! Einen Bildungs- oder Beratungsfachmann erkennt man daran, dass dieser darüber nachdenkt, wie dort, wo Arbeiten stattfindet, Lernen verbessert werden kann. Wir müssen ohnehin lernen, zu wissen, wer wir sind, jenseits der heute üblichen Sicherheiten und Formen. Bildungsfachleute gestalten dann vorwiegend Lernen und Arbeiten leistungsgerecht, persönlichkeitsgerecht, kontextgeeignet und zukunftsorientiert im Dialog mit relevanten anderen mit.

AF: Heißt das, dass die ganze Entwicklung von Institutionen, Berufsbildern, Methoden und Konzepten sich eigentlich dahin bewegen müsste, wie man Ferment im „Lernteig" von Organisationen sein kann?

BS: Ja. Dazu müssen Bildungs- und Beratungsfachleute ihre eigenen Formen, viele der eigenen Modelle, Rituale, Identitäten und Geschäftsmodelle auflockern und integrationsfähig machen. Sie müssen ihre Burgen verlassen, nicht um kolonialistisch in Organisationen einzufallen, wie dies manche tun, sondern um qualitative Elemente in Lern- und Arbeitsprozessen der Gesellschaft einzubringen. Ich weiß, das ist extrem und weitreichend gesprochen. Doch: Unreflektierte Gewohnheiten und Versuche, Besitzstände zu wahren, sind wahrscheinlich die größten Hindernisse bei notwendigen Innovationen. Es ist nicht leicht, über die Eigendrehung jeder Teilperspektive, über die zu Privilegien geronnenen Selbstverständnisse und über die zu Selbstverständlichkeiten gewordenen Gewohnheiten hinauszukommen.

AF: Löst das nicht letztlich Berufsbilder wie Lehrer und Berater auf?

BS: Nun, es wird nicht so heiß gegessen, wie ich das jetzt hier koche. Es könnte aber Bewegung in unsere Selbstverständlichkeiten und Selbstverständnisse bringen. Die Landschaft von Professionen und Organisationen ist ohnehin in Bewegung, und noch viel größere gesellschaftliche Umbrüche sind zu erwarten. Natürlich erscheint das zunächst abstrakt, und das Unwägbare daran macht Angst. Dafür könnten wir dem Lernen in der Gesellschaft besser dienen, beispielsweise würden zumindest viele der so genannten Transferprobleme erheblich kleiner. Doch wenn man radikal weiterdenkt, würde das auf Dauer vielleicht zur Folge haben, dass wir viel unserer kulturellen Eigenständigkeit als Berater oder Bildner eigentlich aufgeben und uns in der Arbeitskultur dort ansiedeln müssten, wo der gesellschaftliche Mehrwert durch Arbeiten und Lernen erzeugt wird. Analog zum Spruch über das Altern könnte man sagen: Gesellschaftliche Umbrüche sind nichts für Feiglinge!

2. Kleine Sittengeschichte lebensbezogener Bildung

Diese kleine als freundliche Polemik angelegte Geschichte[22] spiegelt als Metapher eine im Laufe zunehmender Arbeitsteilung entstandene „Bildungsfragmentierung", was durch sie verloren ging und durch welchen Paradigmenwechsel vieles davon wiederzugewinnen wäre.

Graue Vorzeiten

Bei Schulen muss man nicht automatisch an Gebäude denken, in denen unterrichtet wird, oder an Welt- und

---

[22] Dinner Speech von Dr. Bernd Schmid am 19.11.2008 in Wiesloch vor Bildungsfachleuten des Deutschen Maschinen- und Anlagenbaus. www.isb-w.eu/campus/de/schrift/Kleine-Sittengeschichte-berufs--und-lebensbezogener-Bildung-2008SI0414D

Menschenbilder, in die andere eingeladen werden. Auch bei Delphinen spricht man von Schulen und stellt sich einen spielerisch aufeinander bezogenen Schwarm vor. In frühen Zeiten waren Schulen schlicht Gruppen von Menschen, die zum Beispiel gemeinsam jagten, Werkzeuge herstellten, Speisen bereiteten oder neue Terrains erkundeten. Soweit dabei Lernen im Spiel war, handelte es sich um praktisches miteinander und voneinander Lernen. Das Wissen lag in den Menschen und konnte nur durch direkten Kontakt und gemeinsames Handeln ausgetauscht werden. Es ging also weniger um erklärbares Wissen, schon gar nicht auf Medien übertragen, sondern um vorwiegend intuitive Anteilnahme am Handlungs- und Erfahrungswissen anderer.

Meist ging es ums Überleben, daher um unbedingtes Angewiesensein auf Gemeinschaft, um praktische Lebensgestaltung, um situatives Begreifen von Zusammenhängen und manchmal um das Erfassen eines vielleicht höheren Sinns im Ganzen. Man war auf Mitwirkung und besondere Talente jedes Einzelnen und Stärkung der Gemeinschaft durch diesen angewiesen. Da die Lebenswelt überwältigend komplex und oft genug bedrohlich war, konnte Kontrollillusion schwerlich aufkommen. Man behalf sich mit Ritualen und Mythen, um das Ausgeliefertsein an höhere Gewalten erträglich zu halten. Glaubt man den frühesten Zeugnissen von Kunst und Metaphysik, dann scheinen Sinnfragen den Menschen immer jenseits des Materiellen beschäftigt zu haben. Der Mensch scheint - im vielleicht wichtigsten Unterschied zum Tier - eben ein mythisches Wesen zu sein. Man kann sich vorstellen, wie er sich durch Erzählungen an den Lagerfeuern auf das eigene Dasein und seinen Platz im Kosmos einen Reim zu machen versucht.

Zeit des Homo Faber

Im Zuge der Zivilisation kam es zu einer zunehmenden Differenzierung gesellschaftlicher Funktionen. Manche der Jäger oder Bauern mögen sich zu Herstellern der dafür gebrauchten Gebrauchsgegenstände und Werkzeuge entwickelt haben. Man kann sich die allmähliche Entwicklung von handwerklicher Erzeugung bis hin zu industrieller Herstellung und die damit verbundene weitere Tätigkeits- und Wissensspezialisierung bis hin z. B. zu einem Mechatroniker oder Internet-Händler ausmalen. Individuelle Tauschgeschäfte und das Bewirtschaften der eigenen Angelegenheiten differenzierten sich, bei zunehmender Arbeitsteilung in Einrichtungen des Wirtschafts- und Finanzwesens, in viele spezielle Funktionen und Professionen.

Moderne

Parallel zur Arbeitsteilung entwickelte sich eine bildungsteilige Gesellschaft. Erst entstanden eigene Bildungsvorgänge, die sich aus der praktischen Lebensbewältigung und den alltäglichen Beziehungen lösten. Man setzte sich für Lehren und Lernen extra zusammen, hielt Wissen dafür fest, was wiederum Lesen und Schreiben und dafür eigene Lernvorgänge notwendig machte. Dies führte zu immer mehr Objektivierung von Wissen und dessen Ablösung von Persönlichkeiten und Gemeinschaften, also zur Herauslösung von Bildung aus konkreten Lebenszusammenhängen.

Lehrer wurde ein eigener Beruf und separate Bildungseinrichtungen wurden zu Orten des Lernens, bis sich daraus die heute geläufige Fach- und Wissenschaftsdisziplinen und unsere Bildungseinrichtungen entwickelten. Mit diesen entstand allerdings auch viel zu oft ein unkoordiniertes, aus den Lebens- und Steuerungszusammenhängen konkreter Herausforderungen losgelöstes Nebeneinander fachlicher Belehrungen. Als würden Lernenden abwechselnd Puzzleteile unterschiedlichster Art auf den Tisch gekippt und es ihnen überlassen, wie alles zusammengesetzt und auf konkrete Lebens- und Berufssituationen angewendet werden soll. Lebenstauglichkeit wurde auf späteren Transfer verschoben. Es verbreitete sich eine Eigendynamik der Fachdisziplinen, ihrer Einrichtungen und der Funktionen darin. Heute gibt immer mehr Bildungseinrichtungen und -funktionäre, die - obwohl vom Gemeinwesen finanziert - ihre Beiträge selbstoptimierend und selbstbezüglich nach ihren Gesichtspunkten gestalten. Es wurden immer mehr Fächer unterrichtet und weniger Menschen in der Bewältigung ihrer Lebens- und Arbeitsaufgaben. Die Integration der Kompetenzen und Wirklichkeitszugänge in die Praxis wurde in Praktika und in ein sich Durchschlagen in der beruflichen Praxis und damit in die Verantwortung damit alleingelassener Individuen verschoben. Indessen orientierten sich immer mehr am Erlangen von Berechtigungen.

Und was ist jetzt mit den ursprünglichen Erfordernissen der Gesellschaft? Wer sorgt für Integration der Disziplinen, für Implementierung in Selbststeuerung von Individuen und Systemen? Offensichtliche Mängel werden meist nur mit rudimentären Reflexen beantwortet. Babylonische Verwirrung der Fachsprachen und Methoden sind durch interdisziplinäre Extra-Events nicht zu beseitigen. Die Aneignung von Wissen, Kompetenzen für gemeinsamen Erwerb und die Integration in Persönlichkeit und Professionalität sind in meist wenig begleiteten Praktika und Berufseinstiegen schwer zu erwerben. Das Begreifen der eigenen Person als Brennpunkt und Träger aller Entwicklungen wie auch das gegenseitige Begreifen der anderen Player und das spezifische Zusammenspiel mit ihnen bleiben Nebenthemen, um die sich die Individuen selbst kümmern oder dafür spezielle Veranstaltungen besuchen. Fragen der individuellen Stimmigkeit von Wirtschaften und Bildung, von Lebens- und Sinnerfüllung sind Privatsache geworden. Wenn das aus dem Ruder läuft, sind Pfarrer oder Psychotherapeuten, neuerdings auch Coaches gefragt.

Bildung konzentriert sich auf Fachdisziplinen und darauf ausgerichtete Organisationen. Immer mehr gilt Wissenserwerb als Grundlagenbildung, die Berufs- und Lebensgestaltung wird zum Transferproblem.

Aufbruch in die Postmoderne

Und der Mensch? Sind seine Probleme nicht immer noch

oder wieder die unserer frühen Vorfahren? Die Welt scheint komplexer denn je. Hoffnungen auf Beherrschbarkeit erweisen sich als Illusion. Vom angesammelten Wissen kommt zur Geltung, was in konkretes Handeln und in ein berufliches Selbstverständnis eingebracht werden kann. Wir brauchen mehr denn je in der Persönlichkeit verankertes ganzheitliches Erfahrungswissen, das nicht in Fachdisziplinen oder Grundwissen versus Anwendungswissen eingeteilt werden kann. Letztlich entscheidend für Erfolg und Wohlbefinden im Berufsleben sind Handlungs- und Erfahrungskompetenz, Urteilsfähigkeit, professionelle Intuition und deren Vernetzung in Leistungs- und Verantwortungsgemeinschaften. Solche Dimensionen sind nicht verfügbar oder entwickelbar, wenn nicht die dahinterstehende Persönlichkeit mit eingeladen ist mit ihren Talenten, ihren Lebensmotiven, ihrem Bedürfnis nach Lebenssinn und Würdigung. Wir brauchen mehr denn je ein Zusammenspiel in Gemeinschaft, um mit den sich auftürmenden Problemen fertigzuwerden.

In einer weiter zunehmend arbeitsteiligen Gesellschaft braucht man ganzheitliche Bildung und den Menschen im Zentrum; und zwar den Menschen bezüglich seines beruflichen Lebensweges und dem Ausfüllen von Organisationsrollen. Und den Menschen in relevanten Gemeinschaften und in der Begegnung von Kulturen. Es geht erneut um eine am Menschen orientierte Bildung, die gleichzeitig Leistungsfähigkeit und Vitalität von Organisationen stärkt. Sind wir dahin unterwegs? Ohne Umkehr in den oben skizzierten Entwicklungen wohl kaum. Dazu braucht es Paradigmenwechsel verschiedener Art. Zunächst müsste das Verständnis von Grundlagen neu gefasst werden.

Wissensbestände und ihre Vermittlung dürfen nicht länger unhinterfragt als Grundlagen begriffen werden. Fachwissen ist wichtig, aber austauschbar und daher nicht unbedingt Grundlage. Zu einem neuen Verständnis von Grundlagen gehören berufsbezogene Lernkultur, das Begreifen der eigenen Persönlichkeit, die Entwicklung einer personalen Professionalität, Designkompetenz bezüglich Projekten, Prozessen und Arbeitsorganisation, das Lernen an Beispielen aus Beruf und Leben, kollegiales Lernen und Arbeiten in Eigensteuerung usw.

Natürlich sollte sich Bildung nicht allein auf den Arbeitsplatz- und Berufslernen beschränken. Vor dieser Verengung wird immer wieder zu Recht gewarnt. Doch dient diese Warnung zu oft der Rechtfertigung didaktischer Einfallslosigkeit. Zumindest für eine längere Umstellungszeit kann man das ganze Spektrum von Bildung von Arbeitsplatz- und Professionslernen ausgehend erschließen. Zunächst geht es pragmatisch um Kategorien von Handeln und Steuern, zunächst vielleicht auf einem einfachen Niveau. Durch Vertiefung und Horizonterweiterung kann dann das Niveau erhöht und der konkrete Fall als Beispiel für Allgemeineres untersucht werden. Die didaktische Herausforderung besteht in der Öffnung und Integration neuer Perspektiven für dieselbe konkrete Sache. Bildungsfragen allgemeiner Art können am Beispiel konkreter Arbeits- und Lebensbezüge aufgeworfen werden. Wie zeigen sich Wert- und Sinnorientierung in konkreten Antworten auf Berufs- und Lebenssituationen? Wenn sie sich darauf nicht beziehen lassen, verkümmern sie zu Sonntagsthemen, die am Montagmorgen vergessen sind. Wieso sollten sich nicht alle Fragen allgemeiner Bildung im Beruf

und am Arbeitsplatz zeigen? Man sieht die Zusammenhänge nur nicht, wenn man Allgemeinbildung auf lexikali-
sche Bildung verkürzt, wenn man Kultur als die des Feuil-
letons und nicht auch die des Wirtschaftsteils der Zeitung
begreift. Zu allen wesentlichen Bildungsinhalten gibt es
überdies Fragen der Berufs- und Organisationsgestaltung
und entsprechender Kulturgestaltung durch Individuen
und Systeme. Zu oft scheitern Menschen, weil sie mehr
auf ihr Fach, und zu wenig auf berufliche, institutionelle
und kulturelle Belange ausgerichtet sind. Auch bei Sach-
wissen geht es häufig weniger um Erwerb desselben als
darum, wie, wann, von welchen Quellen und auf welche
Weise notwendiges Wissen einbezogen werden soll. Der
Zugriff auf Inhalte verliert in Zeiten des Internets im Vergleich zum Aufbau persönlicher Kompetenzen zunehmend an organisierender Bedeutung. Wie können Orien-
tierungen aus anderen Lebensbereichen zur Geltung kommen und umgekehrt Wert- und Sinnkompetenzen über
konkrete Arbeitsplatz- und Professionskompetenzen hinaus in andere Lebensbereiche übertragen, mit diesen verbunden werden?

Es sollte also Schluss sein mit gewohnheitsmäßigem Rückzug auf Fächer und Fakultäten. Es geht verstärkt um die
Überwindung der Fakultäten-Trennung und der Theorie-
Praxis-Trennung. Die Neuausrichtung an integrativen Be-
langen der Arbeit und daran, wie Menschen Träger dessen
werden können, müssen selbstverständliche Anforderungen sein, denen sich Bildungseinrichtungen stellen.

Die gemeinschaftliche Verantwortung aller Bildungsver-
antwortlichen für ein Lernen, das an die Lebens- und

Berufsgestaltung von konkreten Menschen orientiert ist, sollte nicht löbliche Ausnahme sein, sondern Alltag werden. Bildungseinrichtungen müssen anspruchsvoller werden im Zusammenstellen von Bildungsprogrammen und in gemeinschaftlich verantworteter „integrierter Programmqualität", damit es für Lernende einfacher wird. Wenn sie sich in gut bereiteten Rahmen bewegen, können sie sich auf ihr persönliches Lernen, auf die Ausbildung eines individuellen selbstverantworteten Lernstils und auf kooperatives Lernen in Gemeinschaften ausrichten. Letztlich ist an diesen Herausforderungen nichts neu, doch bleiben sie von organisierter Bildung meist unbeachtet.

Geschieht nicht das meiste Lernen ohnehin bei der Arbeit und im konkreten Leben? Müsste nicht Bildung hauptsächlich dort gestaltet werden? Wie kann das spontane Lernen dort zu Bildungsprogrammen erhoben und angereichert werden?

Wie müssten sich die Bildungslandschaft, die Institutionen, die Selbstverständnisse der Bildungsfachleute ändern, damit sie nicht den Menschen aus dem Leben holen, um ihn zu bilden, sondern Bildung ins Leben und an den Arbeitsplatz tragen? Wäre nicht der Aufbau einer darauf ausgerichteten Lernkultur ein neues Verständnis von Grundlagen? Lernen sollte um die Lösung von Lebens- und Arbeitsproblemen, um die Entwicklung der Persönlichkeit, um Begegnung in der Gemeinschaft und um Sinn von Leben und Arbeiten herum organisiert werden.

3. Kultur ist die Persönlichkeit der Gemeinschaft

Als Transaktionsanalytiker bin ich seit Jahrzehnten „auf Ich-Zustände gebucht"[23]. Es geht um Persönlichkeitskonzepte und deren Anwendung. Bei Ich-Zuständen wird von Teilpersönlichkeiten und deren Beitrag zur Persönlichkeit ausgegangen. Warum haben solche Konzepte gerade jetzt so Konjunktur? Vielleicht, weil wir in einer zentrifugalen Zeit leben. Die Menschen haben immer mehr das Problem, wie sie die vielen Rollen, Kontexte, inneren Strebungen und äußeren Optionen in ein lebbares Gefüge bringen können. Dabei stellen sich die beiden Fragen: Wie kriegen wir das alles zusammen? (Integration). Und: Wie kommen wir dabei zu uns selbst? (Integrität)[24]

In meinem Vortrag bei der Tagung „Viele sind wir" 2009 in Heidelberg ging es um Identität, um die Frage nach einem integrierenden Selbstverständnis, auch wenn man nicht aus einem Guss ist. Letztlich wieder oder noch der Klassiker der Philosophie: Wer bin ich? Oder aufgelockert:

---

[23] Schmid, B./Gérard, C (2008). Intuition und Professionalität – Systemische Transaktionsanalyse in Beratung und Therapie. Heidelberg: www.carl-auer.de/intuition-und-professionalität. Siehe auch Blog 24: Mit sich selbst auf Du und Du - Von Bernd Schmid 04.03.2009 https://bibliothek.isb-w.eu/alfresco/d/d/workspace/SpacesStore/afd37a3d-75df-4eea-b099-d4bd16887b40/BerndsBlog_1bis137.pdf
[24] Herausforderungen in Zeiten des Wandels (S. 75 - 86) insb. 5.7. Integration und Integrität als Kernbegriffe von Kulturbildung in: Schmid, B. (2004). Systemisches Coaching –Konzepte und Vorgehensweisen in der Persönlichkeitsberatung. Köln: EHP.

Wann, wo und mit wem bin ich wie? Schon Erik Erikson betonte, dass Identität einmal auf ein mit sich selbst dauerhaft ähnlich Sein beruht, aber auch auf den Gruppierungen, in denen ich lebe und denen ich mich zugehörig fühle. Man müsste als Drittes die typischen Wirklichkeiten, die ich erzeuge, hinzufügen. Also: Sage mir, mit wem und auf was du dich einlässt, und ich sage dir, wer du bist! Es geht um die Kultur von Gemeinschaften und darum, was diese treiben.

Mir fällt auf, dass Persönlichkeitskonzepte hierzulande immer noch den Einzelnen und seine innere Organisation oder das daraus erwachsende Verhalten nach außen im Blick haben. Wie sehr Menschen verschieden sind, wie sehr sie jemand anderer sein können, je nachdem in welchen Umgebungen sie sich bewegen und woran sie mitwirken, scheint wenig auf.

Ein Scheit Holz brennt verschieden und verschieden gut, je nach Feuerstelle und seiner Positionierung im Feuer. Wer Holzfeuer entzündet, weiß, wie sehr es beispielsweise auf den richtigen Abstand der Holzscheite und deren Durchlüftung ankommt, dass sich die Holzscheite gegenseitig beglühen. Dies ist keine Eigenschaft der Holzscheite und doch hängt davon ab, wie gut sie brennen. Stimmen da die Verhältnisse, dann braucht es wenig, um anzufeuern und gute Verbrennung zu erhalten. Brennt ein Scheit nicht gut, ist es wichtiger, ihn besser zu positionieren als seine Eigenschaften zu verbessern. Oder ändern sich nicht sogar seine Eigenschaften, weil diese ja nur im Zusammenhang mit dem Feuer und der Feuerstelle zu bestimmen sind?

Gute Kultur[25] lädt die besseren Seiten eines jeden in den Vordergrund ein und vernetzt diese so, dass sich die Menschen wechselseitig in ihren guten Eigenschaften stimulieren, stabilisieren und fördern. Was heißt das für Persönlichkeitsentwicklung? Selbstverständnis und Selbststeuerung zu verbessern ist wichtig. Aber wie? Es macht einen Unterschied, ob ich dies relativ isoliert mit jedem Einzelnen versuche oder in einer Gemeinschaft eine Kultur des miteinander und voneinander Lernens fördere. Durch die Kultur einer Gemeinschaft und die konkreten gemeinsamen Inszenierungen sind alle konzertiert mit ihren besseren Seiten eingeladen und lernen bewusst sowie intuitiv, in hochwertigen Inszenierungen stimmig mitzuwirken. Dadurch klären und integrieren sich auch innere Prozesse. In der Innensteuerung kommen die passenden Teile zur Geltung und koordinieren sich, wenn die Außeninszenierung dies nahelegt. Dann bahnt und prägt sich dies innen wie außen zu Persönlichkeit und Kultur.

Es ist schwierig in einem schlechten Stück eine gute Rolle zu finden und diese auch gut zu spielen. Selbst wenn es klappt, ist es doch übermäßig anstrengend und vereinzelt die Bemühungen der Spieler. Da aber in vielen Kontexten letztlich die Aufführung zählt, ist für das Theater erst etwas gewonnen, wenn viele koordiniert zu Qualität kommen. Von einer Grundausbildung abgesehen, ist die bessere Investition nicht die in mehr Schauspielunterricht für

---

[25] Institutsschriften auf dem isb campus: Nr. 19 Kulturverantwortung - B. Schmid 1996, Nr. 47 Organisations- und Professionskultur - B. Schmid 2002 und Audio Nr. 348 Kulturverantwortung - Bernd Schmid

die einzelnen Spieler, sondern in bessere Stücke, Drehbücher, Regie und die bei Intendanten liegende Verantwortung für die Positionierung des Theaters und seine gesamte Programmgestaltung. Letztere entscheiden wieder über das Gewinnen guter Stücke und Regisseure, die dann wieder das Ensemble begeistern und ausrichten. In diesen Rahmen finden die Spieler zu ihrer Größe auch ganz ohne extra Schauspielunterricht.

Worauf sollen nach diesen Überlegungen die Bemühungen in Sachen Persönlichkeits- und Kulturentwicklung für Professionelle gerichtet werden? Sie sollen bezogen auf Organisationen und professionelles Handeln auf relevante Kultur- und Leistungsbereiche und beispielhaft auf lohnenswerte und lebenswerte Inszenierungen gerichtet sein. Die Wieslocher-Kompetenzformel [26] nennt Integration von Rollenkompetenz (inkl. Sachkompetenz), Kontextkompetenz und Sinnhaftigkeit der Inszenierung und des eigenen Mitwirkens. Dies zusammen koordiniert Innensteuerung und Außensteuerung in relevanter Weise. Es entstehen intern dann vielleicht zunächst Trampelpfade im Gehirn, die langsam zu Autobahnen werden. Wenn andere auf diesen Pfaden mittrampeln, oder zumindest in Rufweite Orientierung geben, dass man richtig und in Abstimmung geht, kann man die alten Autobahnen viel leichter links liegen lassen und die neuen Wege immer mehr ausbauen.

---

[26] Persönliche Kompetenz im Beruf = Rollenkompetenz mal Kontextkompetenz mal Sinn/Passung

Kompetenzentwicklung spielt für Persönlichkeitsentwicklung eine große Rolle. Es geht um eine möglichst in die Kulturpflege integrierte professionelle Persönlichkeitsentwicklung. Einmal, um kompetent in Inszenierungen agieren zu können und zum anderen, um durch Mitwirken Inszenierungen zu verbessern, damit alle wiederum stärkere Impulse zum gekonnten, zur Inszenierung passenden und zum ihnen gemäßen Spielen finden. Und wenn separate Persönlichkeitsentwicklung, dann soll sie auf Lebensgestaltung und Kulturförderung ausgerichtet sein. Einmal, weil diese lebensnah ist und „Transferprobleme" dann weniger wichtig sind. Zum anderen, weil mit anderen und für andere Kultur geschaffen wird, die wiederum für alle und jeden Einzelnen Identität, Integration und Integrität bietet.

4. Wie wird aus Persönlichkeit eine Schule?

Ausschnitte aus einem Interview zum Thema Intendanz mit Bernd Schmid (BS), geführt von Marc Minor (MM)

Marc Minor (MM): Was hat Dich eigentlich zu „ganzheitlichen" Konzepten in der systemischen Beratung und zur Gestaltung von Professions- und Lernkultur gebracht?

Bernd Schmid (BS): Mein persönliches Strickmuster, das mich immer wieder vom Spezialistentum und Fachexperten für Teilperspektiven zum ganzheitlichen

Professionellen aufbrechen lässt. Man kann das als Perfektionismus beschreiben. Wenn man Perfektionismus als Talent sieht, könnte man sagen: Ich sehe ziemlich schnell, „was man noch dazu braucht, damit es zusammen funktionieren kann und wie es weitergehen muss, damit es Bestand haben kann." Ich kann daran gar nicht vorbei und mir wird unbehaglich, wenn ich Verantwortung übernehmen soll und Komplexität nicht angemessen berücksichtigt ist. Ich merke immer wieder, dass es Menschen gibt, die da ganz anders gebaut sind. In der Theatermetapher gesprochen: Denen ist eher wichtig, dass Optik und Anmutungen stimmen und sie fragen auch nicht so schnell: „Worin wird das, was momentan plausibel ist, münden?" Aber wie jedes Talent hat auch dieses seinen Preis. Ich bin eben auch ein Mensch, der nur begrenzt im Hier und Jetzt leben und vom Moment ergriffen sein kann, was mich auch Lebensgenuss kostet. Für mich gibt es eher die Beglückungen des Lernens und dass etwas bleibt. So würde ich meine Seelenlage beschreiben, und das hat jetzt ganz verschiedene Dimensionen.

Beispiel: Ich erlebe eine gelungene Übung. Dabei sehe nicht nur die Übung, erfreue mich daran und gehe dann Kaffeetrinken, sondern ich frage mich: „Wird mir diese Übung nächstes Mal wieder einfallen?" Wenn nicht, dann schreibe ich sie lieber auf. „Was braucht es, damit andere von dieser Übung profitieren können, und wie können wir daraus eine Didaktik machen?" Wenn ich merke, ich kann es jedem Einzelnen erklären und der kann das in individueller Abwandlung machen, dann gehe ich in eine Führungs- und Lehrrolle. Das freut mich eine Weile lang, aber dann überlege ich: „Wer muss an Bord sein, wie müssen die miteinander umgehen und welche Medien brauchen die, damit wir das in besserer Qualität länger, in verschiedenen Varianten und auf verschiedenen Bühnen haben können?" Also dieses Weiterkristallisieren im Ausweiten von etwas stellt sich bei mir nach einer Weile von selbst ein. Das kann sich auch auf Zukunft beziehen, darauf, wie etwas Bestand haben kann. Z.B. denke ich, dass „Coaching als Vier-Augen-Gespräch" gut ist, aber als Lösung für Probleme von Organisationen keinen Bestand haben kann. Dann überlege ich, wie die Qualität solcher Begegnungen in einen größeren Zusammenhang eingebettet werden kann, sodass sie Organisationskultur prägt. Ich gebe dann keine Ruhe, obwohl derzeit alle mit Vier-Augen-Gesprächen glücklich zu sein scheinen.

Ich war in einer Weise immer anti-dogmatisch: Wann immer sich eine Teilperspektive chronifizierte und zu sehr ausbreitete, wurde mir unbehaglich. Alles andere folgte dann. Ich fand Formen, aus persönlicher Vorgehensweise ein Programm zu machen, im Schreiben beispielsweise. Ich fand Formen, dass Schüler, Mitarbeiter, Lehrtrainer in unterschiedlicher Weise solche Programme adaptierten und ihre persönliche Praxis daraus machten. Ich fand unternehmerische Formen, dies für alle in einer befriedigenden Ökonomie zu betreiben, die über Inhalte und persönliche Beziehungen hinaus Stimmigkeit und Zugehörigkeit zu einer Gemeinschaft erzeugte.

MM: Wie bist Du zu der Programmatik gekommen? Gab es einen Punkt, an dem Du in die Rolle des Intendanten gegangen bist?

BS: Das fing sehr früh an. Ich war schon „Zirkusdirektor" in meiner Kindergang, dann Jugendwart im Reitverein und später Bandleader in einer Beatband. Ich war schon immer jemand, der selbst die Bühnen bereitet hat, der selbst die Inszenierungen angesetzt hat, der eher andere dazu geholt hat, mitzumachen, um etwas daraus zu entwickeln. Irgendwie war ich zu sperrig oder zu wenig anschmiegsam, weshalb mich andere auch früher schon eher nicht dazu einluden, mit ihnen etwas zu machen. Eine Weisung meines Vaters scheine ich immer befolgt zu haben: „Du kannst alles machen in Deinem Leben, Du musst es nur selbst bezahlen." Ein spontanes Lob meiner sonst eher spröden Mutter wurde mir zum lebenslangen Ansporn: „Du bist mir aber tüchtig!" Ob mich dies geprägt hat oder die starke Resonanz in mir dadurch entstanden ist, dass sich meine Seele erkannt fühlte, weiß ich nicht. Auch Kreativität und Unternehmergeist habe ich von Mutter und Vater „geerbt": Meine Mutter entwarf als Schneiderin ihre eigenen Kollektionen und mein Vater als rechte Hand eines Möbelfabrikanten das Kleinmöbel-Programm.

Meine Mutter leitete als mittelständige Unternehmerin ein Bekleidungsunternehmen und mein Vater, als technischer Betriebsleiter eine Kleinmöbelfabrik. Und auch ich habe immer Verantwortung übernommen.

MM: Du hast schon immer Rollenwechsel vollzogen, anderen Deine Funktionen übergeben und Dir selbst neue, meist übergeordnete kreiert. Die Übergänge gingen geräuschlos, und sowohl das Institut als auch die Stiftung atmen Deinen Geist. Diese Wechsel misslingen oft auch bei sonst erfolgreichen Unternehmen. Wodurch ist das gerade bei Dir gelungen?

BS: Ja, ich bin nun seit mehreren Jahren „im Ruhestand". Ich wirke mehr im Hintergrund, als Hirte, als Rückenstärker, als Kraftfeldsicherer, als Letztentscheider und als Leitfigur nach außen. Sowohl das Institut mit seinen Netzwerken wie auch die Stiftung sind heute „eine von vielen getragene Institution" (isb-Slogan). Wie dabei alles zusammenwirkt, wird man aus einigem Abstand einmal besser beurteilen können.

Hier nur ein paar Stichworte:

Zur Identität von Intendanten gehört, dass sie Zehnkämpfer sind, dass sie keiner Teilperspektive verfallen sind, sondern dass sie zugunsten eines besseren Ganzen nach der Ergänzung zu suchen. Der Intendant ist der ganzheitlich Verantwortliche. Meine Talente liegen stark im Kreativen, im Integrierenden und in der Überzeugungskraft in Face-to-Face-Communities. Ich hatte immer Lust, aktiv zu gestalten, doch kann ich auch mit dem gehen, was die Umstände anbieten. Es ist eher Segeln als Powerboot fahren.

Vieles ist aus meinen Lebensentwicklungen entstanden. Irgendwie habe ich immer ein Gleichweicht zwischen Aufbrechen und Bewahren, zwischen großen Ideen und Bodenständigkeit, zwischen Zielstrebigkeit und Gelassenheit, zwischen Sensibilität und Robustheit gefunden.

Wenn man zu viel will und zu selbstgefällig wird, verliert man Augenmaß und Bezogenheit. Ich kann mich eher bescheiden und gut unterscheiden, was für einen lebenden Organismus wichtig ist und was für mich persönlich.

Ich war von meinem Werden und meinem Tun meist beseelt und dabei pragmatisch. Intendanten müssen Überzeugungstäter und Pragmatiker sein, bei allem Sinn für das große Ganze müssen sie auch das Machbare und Wege dorthin sehen.

Intendanten-Funktionen liegen mir auch deshalb, weil mir das „Programm" immer wichtig war. In Beziehungen ist mir ein gemeinsames Thema wichtig, denn ich bin ein ICH/ES Beziehungstyp, aber eben auch in Gefahr, andere Bindungsdimensionen zu vernachlässigen. Also achte ich darauf, Begegnungen bewusst zu gestalten und damit auch zu pflegen.

Oft können zupackende Menschen schlecht wieder loslassen. Ich konnte immer beherzt zupacken, aber auch leicht wieder loslassen. Wenn ich das Gefühl habe, etwas wird in der von mir gewünschten Qualität weiter versorgt, dann kann ich mich ohne Verlustgefühl hinter die Bühne verziehen.

Die meisten verdrängen notwendige Wachablösungen lange und gehen sie dann überstürzt an. Weil ich Sättigung weit vor aufkommendem Überdruss spüre, habe ich immer früh Initiativen ergriffen, an andere abzugeben und Übergänge über Jahre allmählich vollzogen.

Und da ich Partnerschaften über viele Jahre entwickelt und gepflegt habe, gab es immer auch geeignete „Hausgewächse", die aus Überzeugung alles weitergeführt haben. Solche Nachfolgen „hopplahopp" zu entwickeln oder gar von außen einzukaufen, wäre ungleich schwieriger gewesen.

Und nicht zuletzt habe ich in meiner Familie und meinem sonstigen Privatleben immer auch verlässliche und erfüllende Verhältnisse gefunden und mitgestaltet. So haben mich auch Schicksalsschläge nicht aus der Spur gebracht.

5. Berichte zur isb - Weiterbildung

Im Folgenden sind Formulierungen aus 10 Abschlussberichten zu isb-Curricula wiedergegeben. Neben den Berichten über Supervisionen und über die Curriculum-Bausteine spannt ein Abschlussbericht den Bogen über den ganzen Weiterbildungsprozess und die persönlichen Entwicklungen in dieser Zeit. Die sich natürlich auch darin spiegelnden Konzepte und Vorgehensweisen am isb sind anderswo vielfach ausführlich beschrieben.[27] Sie werden daher nur insofern wiedergegen als dadurch die Erfahrung der Teilnehmer damit spürbar wird.

Hier nun eine „fast beliebige" Auswahl aus Stapeln solcher Berichte. Es wurde lediglich auf etwas Diversität z. B. bezüglich Alter, Geschlecht und Lebenssituation, aber auch Profession und Funktionen im Berufsfeld geachtet. Dabei wurden (anonymisiert und redaktionell bearbeitet) solche Abschnitte ausgewählt, die von der Bedeutung der

---

[27] www.isb-w.eu/campus/de/themenkoerbe/isb_handbuch

Weiterbildung für die eigene Professionalität und den persönlichen Lebenslauf erzählen sowie Resonanz auf die Weiterbildungskultur am isb geben. Damit soll ein Gefühl für die isb-Lernkultur vermittelt werden.

5.1. Weg in die Selbständigkeit

Lisa (35)

Wie ich zum isb kam: Meine damalige Rolle war es, in einem mittelständischen Unternehmen die Personalarbeit auf- und auszubauen. Diese Tätigkeit nahm ich bereits seit 5 Jahren neben der Mutterschaft wahr, meine Kinder waren 2 und 5 Jahre alt. Ich hatte Ideen und Ansätze, wie ich die Personalentwicklung in der Organisation mit 120 Mitarbeitern gestalten würde, konnte die Dinge jedoch nicht in dem Maße umsetzen, wie ich es gerne getan hätte. Im Unternehmen selbst war ich die Einzige meines Faches. Außerdem spielte ich immer mit dem Gedanken, als Freiberuflerin zu arbeiten. In meinem professionellen Netzwerk fielen mir einige Praktiker durch ihre Klarheit und hilfreiche Art Dinge anzusprechen ins Auge. Diesen Menschen war gemeinsam, dass Sie eine systemische Weiterbildung genossen hatten. Diese Kunst wollte ich auch beherrschen! Aufgrund von Empfehlungen habe ich dann die Ausbildung in Wiesloch gewählt.

Schon im ersten Baustein bestätigte sich, warum ich genau diese Fortbildung gewünscht habe. Die Offenheit in der Gruppe, die gleich zu Anfang entstanden ist, lud dazu ein, seine Themen einzubringen. Und dann die Vielfalt in der Gruppe.

Diese Menschen hatten ganz unterschiedliche Rollen in Bereichen der Personalführung, Personalentwicklung und des Personalmanagement und brachten lebendige Praxisbeispiele. Davon konnte und wollte ich einiges lernen und mitnehmen. Ich haderte in dieser Zeit vor allem mit meinem professionellen Auftreten und damit, nicht zu wissen, was ich eigentlich anzubieten habe bzw. wie ich genügen kann. Dies stand für mich im Konflikt mit meinen Erfahrungen und den langjährigen Studien, die ich genossen habe.

Wie bringe ich denn nur die PS auf die Straße?

Zu Antworten haben beigetragen z. B. das Herausarbeiten meines Genius und die Spiegelungsübungen, die mir Aspekte meiner Qualitäten gezeigt haben, die mir so nicht bewusst waren. Ich bin sehr dankbar für diese wunderbaren Momente des „warmen Regens", durch die Peergroup und die Lehrtrainer, die mich sehr gestärkt haben.

Beim Abschlussspaziergang im ersten Jahr erlebte ich dann eine Zusammenführung vieler innerer Bilder und mir wurde deutlich, dass ich in der verkrusteten Organisation meines Arbeitgebers keine Chance haben würde, mich zu entfalten. Vor allem auch deshalb, weil es in dem vorhandenen Bezugssystem keine Resonanz auf mein Können und Wissen gab bzw. keinen Nährboden für die Themen, die mir Sinn machen.

Zeitgleich zu diesen Geschehnissen ergab sich in meinem

Außen die Anfrage einer Kollegin, ob ich mich nicht mit ihr gemeinsam auf den Weg der Selbstständigkeit machen wollte. Ich habe angenommen, da mir genau das Sinn ergab: Wir wollten Mittelständler im Bereich Personalmanagement und Organisationkultur in den Blick zu nehmen und das nächste Projekt gemeinsam angehen, um anhand eines Beispiels die gemeinsame Zusammenarbeit auszuloten und unsere Schwerpunkte auszudifferenzieren.

Der Curriculums-Inhalt des ersten Jahres war an der systemischen Beratung und entsprechender Gestaltung der Zweierbeziehung ausgerichtet. Im zweiten Jahr Wiesloch habe ich mich in meinem Außenleben damit beschäftigt, in die Selbstständigkeit zu gehen. Dabei richteten sich die Scheinwerfer auf Organisation und Führung und darauf, wie ich Produkte gestalten und Kundenbeziehungen herstellen möchte. Dabei hat sich für mich das Thema „Organisationskultur" weiterhin stark verdichtet. Zentral war hier das Perspektiven-Ereignis-Modell, das sich eignet, Veränderungen in Organisationen zu planen und zu strukturieren. „Jede Veränderung muss letztlich durch das Nadelöhr des betrieblichen Alltags" (Bernd Schmid). Dieser Satz ist mir in allen Auftragsgesprächen im Sinn, und daran möchte ich letztlich auch meinen Erfolg sehen können. Auch der Aspekt, mich selbst in allen Situationen (Auftragsgespräche, als Seminarleiter oder auch nur als Teilnehmer) als kulturprägend zu begreifen, war mir relevant. Ich habe sehr profitiert von den Beispielen der Lehrtrainer und von den Interviews, z. B. zum Thema „in Verantwortung nehmen" und der Idee der Rahmung.

Getrieben hat mich auf dem Weg in die Selbständigkeit

auch die Frage, wie ich beim Kunden andocken kann: Als zentral habe ich dafür das Reifegradmodell erlebt, das eine Einschätzung des Kundenunternehmens erlaubt und Hinweise auf Andockungsmöglichkeiten gibt. Hier sind wir mit der Peergroup daran, weitere Diagnosemöglichkeiten und ergänzende Landkarten zu entwickeln, um ein Unternehmen bezüglich seiner kulturellen Wirklichkeit und seiner Möglichkeiten einzuschätzen.

Das Thema Macht bildete einen weiteren wesentlichen Aspekt, Kundensysteme und meine Dynamiken im Umgang mit Macht zu begreifen. Ergänzend wichtig waren hier die Sprachbilder: Aus welcher Rolle spreche ich, aus welchem Anlass heraus, was bewegt mich an der Situation, und wofür will ich Erlaubnis einzuholen?

Die Darstellungsweise von Veränderungsarchitekturen habe ich ebenfalls für mich zur Planung von Projekten übernommen. Die Regieanweisungen haben geholfen, jedem Teilnehmer Raum zu geben und gefordert eigene Überlegungen einzubringen. Regieanweisungen sind von mir für Seminare übernommen worden und helfen, einen wesentlichen Bezug zu den anderen Teilnehmern herzustellen und einen wertschätzenden Rahmen zu schaffen.

Methoden für Großgruppen sowie Methoden zur Teamarbeit habe ich als Ideen in meinen Koffer gepackt. Die systemische Aufstellung als Methode hat mich überzeugt und viele gelungene Beispiele für Organisationsaufstellungen gezeigt.

In der Werkstattarbeit konnte ich begreifen, welchen Unterschied es macht, unterschiedliche Rollen zu besetzen:

Moderation/Beratung/Zeitnehmer/Regie gegenüber der Variante, nur einen Berater mit Zeitnehmer zu haben. Wir haben uns damit bei komplexen Fragestellungen wirkungsvoll dem Anliegen widmen können: Das Stück kam anders auf die Bühne. Hinweise auf Antreiber, speziell meinen Perfektionismus, haben mich seelisch berührt und wirken bis heute nach.

Insgesamt habe ich im zweiten Teil der Weiterbildung in Wiesloch im professionellen Kontext und in der Peergroup Beratungen durchgeführt, in denen ich mich als kompetent erleben durfte. Und noch immer besteht die Peergroup fort, die mir als professionelles Netzwerk wertvoll geworden ist: Hier werden in Wiesloch-Kultur Anliegen beraten, Methoden diskutiert und Werkstattarbeiten durchgeführt. Auch das Netzwerk und den reichen Fundus an verfügbaren Schriften und Audios nutze ich weiterhin häufig.

Die Lehrtrainer haben in allen Bausteinen modellhaft gezeigt, wie Fortbildungen gelingen können. Durch Professionalität in Methodik und Sprache der Lehrtrainer ist ihnen gelungen, uns als Menschen abzuholen. Am Wichtigsten war für mich die Kultur, jederzeit wertschätzende Rückmeldung zu geben, auch wenn es kritische Themen gab. Meist wurden die Anliegen der Lernenden, soweit möglich, bedient und mit hoher Verbindlichkeit, oftmals auch über das Übungssetting hinaus, begleitet. So wurden viele Beispiele geschaffen, die von mir direkt in meine Sprache und meine Kontexte übernommen werden konnten.

5.2. Als Interner Fuß fassen

Berthold (32)

Mittlerweile ist der Abschlussbaustein des Curriculums für Young Professionals seit mehr als einem Jahr vorüber. In der Zwischenzeit haben wir Peergroup-Treffen gehabt, und ich habe das Master-Programm am isb begonnen.

Ich glaube, die wesentlichste Kompetenz, die ich im Rahmen der Curricula erworben habe, besteht darin, Gespräche viel mehr über offene, systemische Fragen zu steuern. Dies aus dem wirklichkeitskonstruktivistischen Verständnis heraus, dass Menschen mit unterschiedlichen „Brillen" unterwegs sind. Eine weitere erworbene Fähigkeit ist die Durchführung einer professionellen Auftragsklärung (nach innen und außen) und zwar wann immer ein Auftrag – formell oder informell – an mich herangetragen wird.

Etwas, worin ich mich zu Beginn enorm schwergetan habe, ist der Einsatz von Bildern und Metaphern in Beratungsgesprächen. Da ich jedoch merke, wie hilfreich und anschlussfähig die Arbeit damit ist, versuche ich mehr und mehr, damit zu arbeiten und mich weiterzuentwickeln, da ich und meine Zielgruppen es als sehr hilfreich erleben. Aktuell arbeiten wir mit unserer ersten Führungsebene an Teamthemen und lassen für jedes Filialteam ein eigenes Teamleitbild entwickeln. Das eigene, kreative Arbeiten und der daraus resultierende künstlerische Ausdruck führen dazu, dass das Leitbild emotional verknüpft wird und dadurch in den Köpfen haften bleibt.

Besonders hellhörig bin ich im Laufe der zwei Jahre beim

Thema Verantwortung geworden. Bei uns im Unternehmen beobachte ich an mehreren Stellen nicht wahrgenommene oder verschobene Verantwortlichkeiten, für die die Beteiligten jedoch sehr starke innere Motive haben. Diese Tatsache bringt enorme Emotionalität mit sich und macht eine Thematisierung als „Interner" recht heikel. Nichtsdestotrotz bin ich davon überzeugt, dass viele Probleme in Organisationen sich über das Führen von Verantwortungsdialogen lösen lassen.

Zu Beginn des zweijährigen Curriculums wollte ich in die Organisationsberatung und zwar am besten als Externer. Dieses Interesse hat sich stark gewandelt, sodass ich heute als Personalentwickler, Trainer, Moderator, Organisationsentwickler und Coach im Unternehmen auftrete und angesprochen werde.

Die Weiterbildung hat mich in hohem Maße professionalisiert, und davon profitieren heute viele Personen in meinem Leben.

Nicht zuletzt hat Lernen auf Basis der isb-Didaktik immer großen Spaß gemacht, was meine Weiterentwicklung mit einer großen Leichtigkeit ermöglichte.

5.3. Führung und internes Coaching integrieren

Kirsten (36)

Der Beginn meiner systemischen Ausbildung liegt sechs Jahre zurück. Ich hatte drei Jahre pausiert. Jahre, in denen sich für mich vieles verändert hat. Um dies zu verdeutlichen, nachfolgend ein Vergleich der Situation vor Beginn der Ausbildung und heute.

Am Anfang war ich ein Jahr in der Manager-Rolle bei einem IT-Konzern und hatte meine Führungsidentität noch nicht ausgebildet. Ich war immer wieder von Zweifeln geplagt, ob ich die Rolle gut genug ausfülle, und insbesondere einige Mitarbeiter haben mich stark herausgefordert. Mein Chef hatte das Curriculum genehmigt, weil er meinte, dass eine solche Ausbildung für jede Führungskraft sinnvoll wäre. Das erste Jahr im Curriculum war für mich dann auch im Wesentlichen das Annehmen der Führungsrolle, und es war die beste Ausbildung dafür, die ich mir denken konnte. Ich bin immer noch in dieser Führungsrolle und dort gut angekommen. Daneben führe ich als interner Coach regelmäßig Coachings in anderen Bereichen des Unternehmens durch. Ich habe heute deutlich mehr Selbstvertrauen und kann mir den Raum nehmen, den ich für meine persönliche Entwicklung brauche. Letztlich bin ich im Unternehmen gut angekommen und genieße den Reichtum meiner internen Rollen.

Das 2jährige Curriculum hat mich in vielerlei Hinsicht geprägt und verändert. Während „systemisch" zu Beginn der Ausbildung nur eine Worthülse war, ist dieser Container jetzt mit Inhalt gefüllt und das Fundament für meine Beratungen. Als markanteste Veränderung empfinde ich, dass ich Methoden nicht mehr als gegeben nehme, sondern sie an meinen Stil anpassen kann. Ich habe mich zwischenzeitlich auch mit anderen Methoden beschäftigt, bin aber immer wieder zu den isb-Konzepten zurückgekehrt, weil die gelehrten Modelle einfach sind (und damit für mich gut handhabbar) und dennoch eine große Erklärungskraft haben.

Das erneute Hören der Audios (für diesen Bericht) aus zeitlichem Abstand heraus hat mir gezeigt, wie viel Entwicklung passiert ist. Und es hat weitere Überlegungen und Impulse angeregt, die nur in zeitlichem Abstand möglich waren. Rückblickend bin ich überrascht, auf wie vielen Ebenen Impulse gesetzt und Entwicklung angeregt wurden. Und wie ich heute anders bin als am Anfang der Ausbildung und trotzdem auch etwas Konstantes durchscheint.

Hierzu das isb-Motto (aus dem Heftchen „Originalton"): I am still myself, but on a higher Level!

5.4. Professionalität und Steuerungskonzepte

Alfred (45)

Als ich ans isb kam, fühlte ich mich durch Schriften und Audios von Bernd Schmid inhaltlich bestens vorbereitet. Ich hätte allerdings nicht zu träumen gewagt, welche, vor allem persönlichen, Entwicklungsschritte noch auf mich zukommen würden.

Ein wichtiger Mehrwert gerade des systemischen Ansatzes besteht darin, die Steuerungsebene zu fokussieren und dadurch einen immensen Mehrwert gegenüber einfachen Anliegen bezogener Beratung zu bieten. Indem ich mit dem Klienten nicht nur für sein aktuelles Anliegen nach Lösungen und Strategien suche, sondern ihm helfe zu untersuchen, welche Zusammenhänge zwischen dieser und vergleichbaren Situationen bestehen („Wofür ist dies ein gutes Beispiel?"), öffne ich den Möglichkeitenraum. Eine Bearbeitung des Problems auf der Steuerungsebene hilft womöglich, nachhaltig wirksame Veränderungen nicht nur für ein Problem, sondern für alle ähnlichen aktuellen und zukünftigen zu bewirken.

isb-Tools waren wichtig, um die ersten Schritte zu gehen. Sie sind nützlich, weil sie andere Unzulänglichkeiten kompensieren und mir selbst als Berater und auch meinem Klienten Sicherheit und Orientierung geben. Bewährte Tools, Techniken, Verfahren und Modelle zu kennen und situativ angemessen einsetzen zu können, hebt die Beratungsqualität auf ein professionelles Level. Der Sprung in die Meisterklasse gelingt aber nur, indem ich einen eigenen Stil entwickle.

Zentrale Steuerungskonzepte sind z. B. Rolle und Verantwortung.

Das Thema Verantwortung - und eng damit verknüpft das Thema Rolle - zogen sich wie ein roter Faden durch das erste und zweite Jahr.

Das Rollen-Erwartungs-Rad: Wer (Vorgesetzte, Kunden, Kollegen, Mitarbeiter, Familie, Ich selbst, ...) erwartet was von mir? Welche Erwartungen sind offen, welche unausgesprochen? Und wie kann ich hier für mehr Klarheit sorgen? Welche Erwartungen verschiedener Gruppen stehen im Konflikt zueinander? Und wer hat wann Vorfahrt? Welchen Erwartungen möchte ich schlicht nicht gerecht werden? Und wie grenze ich mich hier ab?

Probleme als Fehler im Verantwortungssystem: Mit wem sollte ich über welches Verantwortungselement (Welche Ecke im Verantwortungsquadrat?) mit welchem Ziel sprechen? Allein diese Frage hat bereits vielen Teilnehmern/Klienten neue Perspektiven eröffnet. Und schließlich: Wenn Organisationsentwicklung = Kulturentwicklung ist und Kultur immer auch Verantwortungskultur meint, dann ist OE immer auch eine Frage von Verantwortung.

Fazit

Das isb ist in vielerlei Hinsicht meine geistige Heimat geworden. Ich bewege mich sicher in der Welt der Modelle, Landkarten und Methoden. Und wenn ich an meinen mutmaßlichen Genius denke, ist das alleine schon eine Menge wert. Die größte Errungenschaft ist aber sicher die veränderte Haltung in der Beratungsbeziehung.

Was ich darüber hinaus nicht missen möchte, weil es für all das genannte die Voraussetzung war, sind die vielen warmen und tiefen Begegnungen und Beziehungen, die ich während meiner Zeit in Wiesloch und darüber hinaus erleben durfte. „Der Mensch wird am Du zu Ich". Was Buber damit meinte, erfasse ich heute, 26 Jahre nach meinem Abitur erst richtig. Aus einigen Beziehungen wurden Freundschaften, die auch über das isb hinaustragen werden.

5.5. Lebensschule und Karrieresprung

Miriam (38)

Das Motto des isb, „Mehr als Weiterbildung" finde ich sehr passend für meine gesammelte Lern- und Entwicklungserfahrung in diesen zwei Weiterbildungsjahren. Für mich hat sich das isb als ganzheitliche und fundamentale Lebens- und Persönlichkeitsschule entpuppt. Ich habe für mein Leben gelernt und mich persönlich umfassender und komplettierender entwickelt. Und das sowohl in meiner Professionswelt also auch in meiner privaten Welt. Ich erlebe mich heute als reflektierter, stärker, näher im Kontakt mit mir selbst, umsichtiger, geklärter, aber auch insgesamt mehr in meiner Kraft und näher an meinen wahren Potentialen.

Als ich die Ausbildung am isb begonnen habe, hätte ich niemandem geglaubt, der mir erzählt hätte, was in diesen zwei Jahren mit mir und meinem Leben im positiven Sinne passieren wird. Die Selbsterfahrung und die Beratungen in der Gruppe haben einige belastenden Themen aus meiner Biographie zu Tage gebracht. Ich habe daraufhin in wenigen Stunden mit einer Therapeutin die Beziehung zu meinem Vater geklärt und mich selbst dadurch neu definiert. Mitten auf diesen Erkenntnisweg fiel das Modul

„Persönlichkeit und professionelle Individuation". Da konnte ich für mich irgendwie auch nochmal zuordnen, in welchem Prozess ich da eigentlich unterwegs war. Vor allem durch die gewählte Didaktik haben mich Konzepte wie „Antreiber" aus der Transaktionsanalyse und Typenlehre von C.G. Jung eindrücklich erreicht. Das waren Essenzen an Entwicklungsergebnissen und Persönlichkeitsschritten, die man selten so geklärt in ihrer minimalen wertvollsten Essenz vorgetragen bekommt. Das hatte viel besondere Qualität, und ich habe mir das auch nochmal im Nachhinein als Audio angehört.

Und parallel habe ich eine enorme Entwicklung in meinem beruflichen Lebensweg erlebt.

Ich war am Anfang als Leiterin eines Fachteams mit 12 Mitarbeitern angestellt, hatte aber die Passung zu meiner Herkunftsprofession verloren. In offener Abstimmung mit meinem Unternehmen haben wir einen Nachfolger gefunden und eingearbeitet. Als die Nachfolge geregelt war, hat mein Chef mir eine Teilzeitstelle als PE/OE Verantwortliche intern angeboten, die ich natürlich mit mehr Freiheit für meine neue Profession angenommen habe. Nach zwei Jahren habe ich meine Teilzeitstelle gekündigt und blicke nun in ein ausgebuchtes Jahr als freiberufliche systemische Unternehmensberaterin. Ein Auftraggeber wird mein alter Arbeitgeber bleiben, wir sind enger verbunden miteinander als vorher. Kürzlich durfte ich für unsere gesamte Geschäftsleitung einen Zukunftsworkshop durchführen.

Besonders wertvoll waren für mich, neben der persönlichen und beruflichen Entwicklung, alle Modelle des isb. Spontan fallen mir ein: das Kulturbegegnungsmodell, das Dialogmodell der Kommunikation, das Antreiber-Modell und das Drei-Welten-Modell. Die ersten beiden Modelle sind förmlich in meinen Kopf hineingewachsen, weil ich sie in unzähligen Situationen in meiner Professionswelt abgerufen habe und gedanklich wieder und wieder durchgespielt habe. Heute kann ich sagen, dass ich die Modelle „lebe". Auch die 10 isb Prinzipien zu OE Maßnahmen gefallen mir sehr gut, weil sie auf so klare und komprimierte Weise darstellen, worauf es ankommt. Das Minimieren von Transferproblemen, ein bezüglich Komplexität kontrolliertes Vorgehen, um dabei möglichst wenig Treibhauseffekte zu erzielen, nahm ich mit und versuchte es in meiner neuen Rolle als PE/OE-Beauftragte zu leben, umzusetzen und den Menschen in unserer Organisation durch Vorleben erlebbar werden zu lassen.

Und dann die Pflege der Gruppenkultur: z.B. ist mir die Teamfusionsübung zu Beginn des zweiten Jahres in Erinnerung geblieben. Denn wir starteten nicht als Ursprungsgruppe aus dem ersten Jahr. Einige haben uns verlassen und einige neue Gesichter aus anderen isb-Curricula sind zu uns gestoßen. Die Teamfusionsübung erzeugte aus uns in kürzester Zeit eine Gruppe, die sich mit viel Wertschätzung und Respekt, ohne Fremdeln begegnet. Diese Übung nehme ich mit in meinen eigenen Methodenkoffer.

Meine isb-Peergroup, die sich im Rahmen der Weiterbildung gefunden hat, lebt und tauscht sich intensiv aus, über alles. Wir telefonieren manchmal nur für 10 Minuten im Alltag miteinander, wenn es bei einem eine kurze dringliche Frage gibt. Aber es hat immer direkt eine so besondere und gehaltvolle Gesprächsqualität, die wir alle so nicht in dieser Form woanders finden. Auch nicht mit diesem tief geprägten Verständnis für einander. Das möchte ich nicht mehr missen. Das gemeinsame Verständnis, die Sicht auf Organisationen, die Menschen darin, im Grunde ein bisschen auch auf die Welt und der Umgang miteinander, macht Begegnung einfach und gehaltvoll.

5.6. Als Geschäftsführer profitieren

Thilo (50)

Das isb wurde mir empfohlen – sowohl inhaltlich als auch von der Qualität des Netzwerkes. So trat ich die Ausbildung am isb primär mit folgenden Zielsetzungen an: Methoden, Instrumente und systemische Grundhaltung kennen- und erlernen, Coaching-/Beratungsfähigkeiten aufbauen und Feedback bzw. Supervision zu eigener Arbeit erhalten und eigenen Coaching- und Beratungsstil finden, Netzwerk gleichgesonnener Profis und potenzieller Kunden knüpfen. Mit den Inhalten des Curriculums, dem systemischen Gedanken oder den Spezifika des isb hatte ich mich vorab nicht auseinandergesetzt. Die zwölf Bausteine beider Lehrjahre erlebte ich als äußerst inspirierend, auch für meine Funktion als Geschäftsführer. Für mich bedeutete dieses Spannungsfeld zwischen dem Wieslocher Modell und meiner eigenen Prägung (VWL Studium und Karriere in einem internationalen Textilkonzern) eine gute Möglichkeit, meine Persönlichkeit weiterzuentwickeln.

Die Stimmung in der Gruppe war jederzeit positiv und unaufgeregt, und ich habe in den 24 Monaten Inhalte gehört und erlebt, die vollkommen neu waren und mir eine neue Sichtweise auf und ein neues Erleben von Situationen und Fragestellungen eröffnet haben.

Was habe ich gewonnen?

Den vielleicht größten Nutzen ziehe ich durch die Begegnung mit der Wieslocher Philosophie von Offenheit, Vorurteilsfreiheit und Absichtslosigkeit. Obschon mir diese Punkte sicherlich aufgrund meiner Funktion als Geschäftsführer und persönlicher Erfahrung am fremdesten waren, haben sie potenziell den größten Einfluss auf meine eigene Entwicklung.

Ich habe viele Erkenntnisse in meiner Praxis ausprobiert und kann sagen: So manches wirkte Wunder. Ich habe eine Vielzahl neuer Methoden kennengelernt und viele nach der Erprobung für mich adaptiert. Ich habe meine Haltung verändert und habe immer mehr einen eigenen, authentisch-stimmigen Stils entwickelt. Ich konnte Beratungsfähigkeit gut ausbauen und zwar durch eigene Beratungen, Beobachtung von Beratungen durch Peergroup, Input und Beratungssequenzen der Lehrtrainer, Feedback, Supervision, Anhören der Aufzeichnungen. Ich habe das Netzwerk nutzen gelernt und bin hier auch z. B. auf der Suche nach einem Coach für meinen Führungskreis fündig geworden. Innerhalb unserer Netzwerk-Gruppe leben wir seither Austausch und kollegiales Lernen. Profilierung des eigenen Stils durch die Vielzahl an Übungen und Erlebnissen und das umfassende Feedback bzw. die

Reflektion des Erlebten. Klarheit bezüglich zukünftiger Ausrichtung (persönlich und beruflich). Ich habe noch offene Baustellen identifiziert und die Auseinandersetzung damit begonnen.

Was habe ich verloren?

Misstrauen, Oberflächlichkeit, Bereitschaft, schräge Situationen zuzulassen und auszuhalten, Distanz zu mir wesensfremden Menschen.

Was betrachte ich für mich als wesentlich?

Wiesloch hat mir wesentlich dabei geholfen, mich in meiner Rolle als Geschäftsführer stimmig zu fühlen. Ich kann mir gut vorstellen, meine Führungserfahrung mit der Coaching-Weiterbildung dahingehend zu verbinden, dass ich irgendwann komplett in die Beratung einsteige.

5.7. Anreicherung langjähriger Coaching-Praxis

Charlotte (55)

Grundsätzlich: Das gesamte Curriculum, das sich für mich mit einer Zwischenpause über drei Jahre hinzog, war für mich eine wunderbare Zeit der Neuentdeckung, Vertiefung und Abrundung von Themen, die mir am Herzen liegen – der Einzelne und das Team.

Grundsätzlich kann ich bemerken, dass mir das isb Fundament ein Mehr an Selbstbewusstsein im Auftreten vor

Gruppen, aber auch im Umgang mit Einzelnen vermittelt hat. Ich gehe gestärkter in verschiedene Prozesse, weiß mich besser abzugrenzen – immer wieder ein Thema von mir – und ich kann viel genauer einschätzen, was zu mir in meiner professionellen Rolle passt und was nicht, was ich an Aufträgen durchführen und wo ich mich für die Menschen engagieren möchte und wo nicht.

Insgesamt sind es die Haltungen und Kulturvorstellungen, die ich in diesen Jahren in den Modulen kennen- und schätzen gelernt habe. Ich dachte vorher bereits zu wissen und zu verstehen, was ressourcenorientiertes Vorgehen bedeutet, im isb habe ich es aber mit Haut und Haar erlebt, selbst gespürt und dieser Geist zieht sich nicht nur durch den Schlosshof, sondern geht weit darüber hinaus. Auch das von mir sehr geschätzte Netzwerk, auf das ich immer wieder in meiner Praxis stoße, erzeugt sofort ein wohliges Gefühl von Vertrautheit und Gleichgesinntheit, ohne viel Worte zu gebrauchen ist ein Verstehen auf vielen Ebenen sehr leicht möglich. Die Verschiedenartigkeit der Lehrtrainer in ihren Persönlichkeiten hat dieses Konstrukt für mich noch verstärkt – alle ziehen an einem Strang, mit ihrem sehr eigenen Stil, Charakter und Hintergrund – und es fügen sich die einzelnen Mosaiksteine wunderbar zusammen.

5.8. Ausrichtung für den Berufsweg einer Mutter

Sybille (47)

Der Weg war lange, mit Unterbrechungen, unterschiedlichster Art.

Für mich hat dieser Weg bedeutet, den Kreis meines Berufsweges rund zu machen - (Unternehmensberaterin bei einer internationalen Unternehmensberatung/Personalentwicklung, Strategieentwicklung und Führungskraft in einem Technologie-Konzern, selbständige Beraterin, Mitgründerin eines Startups).

Ich konnte den Schulterschluss zum Psychologiestudium vollziehen sowie die unterschiedlichsten erworbene Kompetenzen der letzten 20 Jahren integrieren. Im Rückblick auf die letzten sieben Jahre sehe ich, dass sich bei mir viel mehr geändert und weiterentwickelt hat als ich eigentlich vermutet habe. Geblieben ist die Herausforderung, Beruf und Familie zu vereinbaren (mittlerweile jetzt mit drei Kindern).

Bei der Rückschau waren vor allem die Ton-Aufnahmen der Module hilfreich.

Die vielfältigen Themen anderer Weiterbildungen fügen sich sehr gut in den Rahmen meiner isb-Weiterbildung und ergänzen diesen schön. Themen waren u. a. Reinventing Organisations, Achtsamkeit@work, Positive Psychologie, Effectuation, Embodiment, Theory U, Design

Thinking, kollegial geführte Unternehmen. Ich kann nun viel leichter Puzzleteile meiner Kompetenzen immer wieder neu zusammensetzen, um z. B. Strategieprozesse ganz anders und wesentlicher zu gestalten. Daher kann ich im Rückblick sagen, dass die isb-Weiterbildung mein Leitstern ist, der mir geholfen hat, andere für mich passende Themen zu finden und diese in meiner Arbeit zu integrieren.

5.9. Sich mit Schwierigem versöhnen

Kurt (56)

Mein persönlicher Übergang sollte zunächst nur ein äußerlicher sein. Eine neue Arbeitsstelle, die an die wunderbare Bedingung gekoppelt war, etwas zu lernen, noch eine „größere" Beraterausbildung zu machen. Einen besseren Übergang konnte ich mir zunächst gar nicht vorstellen.

Die Theatermetapher war ein erstes inhaltliches Angebot, das mich gut hat ankommen lassen; für einen Germanisten ein Stück Heimat. Mit dem radikalen Konstruktivismus kannte ich mich schon etwas aus, die Verknüpfungen mit der TA und dem Denken C. G. Jungs fand ich aufregend, da gab es neue gedankliche Konstruktionen, die ich so noch nicht gedacht hatte. Am meisten hat mich in meiner ersten Wiesloch-Phase der Gedanke des Fragmentarischen begeistert, der Fragmente, die sich fügen und zu einer „harmonischen Konstruktion" werden. In immer neuen Anläufen habe ich die „Lehrfragmente" aufgegriffen und sie mit meinen „Wirklichkeiten" zusammengesetzt. Ein großes Gedankenvergnügen, das mich, während ich still auf meinem Platz saß, innerlich hat glühen lassen.

Mit deutlich über 50 noch einmal eine neue Herausforderung und eine große Lerngelegenheit. Es sollte sich während der zwei Jahre Weiterbildung herausstellen, dass ich mich immer wieder in absurd erscheinenden Situationen verwickelt fand und ich Hilfestellung brauchte, mich davon und von manchen Illusionen, die dazu geführt hatten, zu befreien.

Neben den Inhalten und den professionellen Anreicherungen waren es die z. T. krisenhaften Entwicklungen in meinen neuen Aufgaben, Rollen und Beziehungen in meiner Organisation, bei der ich Beistand vielfältiger Art erfahren habe. Letztlich wurden viele Fäden wieder passend zueinander geflochten. Dort wo Dinge unerlöst blieben, konnte ich Grenzen akzeptieren und eine versöhnliche Haltung finden.

Ein Traum, den ich während des elften Bausteins hatte, entpuppte sich, zumindest als Utopie, als der Schmetterling, der da entstehen könnte. Vielleicht bezeichnend für den Prozess, den ich im Laufe der Bausteine durchlaufen hatte, passierte es in dem Baustein, der sich mit der Kraft von Bildern und Metaphern beschäftigte. Möglicherweise ist es die Metapher mit ihrer Bildmächtigkeit und mit ihrem gleichzeitigen lustvollen Angebot, sie zu deuten, die mir wesensgemäß ist. Heute gelingt es mir wesentlich besser, Verstand und Gefühl gleichermaßen wertzuschätzen.

5.10. Heilung eines Karriere–Bruchs

Friedrich (48)

„Siehe, Altes ist vergangen, Neues ist im Werden." (Paulus) Das vergangene Alte ist der Werdegang eines evangelischen Pfarrers, ein Grenzgänger zwischen Kirche und Wirtschaft, Praxis und Theorie, Führung und Beratung, Vorstand und Aufsicht, Familie und Beruf.

Nach dem Theologiestudium folgten Jahre im Personalbereich eines Unternehmens der Elektrobranche. Gesprächsführung sowie Beratung von Mitarbeitern und Führungskräften, Anwendung von HR-Systemen und Leben in und Gestaltung von Prozessen, Strategieentwicklung und Kulturintegration – großartige Jahre mit vielen Förderern, Unterstützern, Wegbegleitern.

Und nebenher Vikariat, ehrenamtlich und nebenbei, Lernen und Gestalten gleichermaßen, Lebensschule für und in Verkündigung, Unterricht, Seelsorge. Und auch die Familie wurde in diesen Jahren gegründet, drei Kinder kamen zur Welt, eines mit einer chronischen Krankheit, eine echte Herausforderung.

Dann kam der gefühlte berufsbiographische Höhenflug: fünf Jahre Studienleiter für Wirtschaftspolitik und Wirtschaftsethik an einer Elite-Bildungsstätte. Bald darauf Geschäftsführer eines kirchlichen Bildungsträgers und daraufhin theologischer Vorstand einer großen kirchlichen Einrichtung. Höhenflüge bis in zu dünne Lüfte, die zum Absturz und zur Abberufung führten.

„Unser Schicksal liegt in deiner Hand" – und ich hatte es versemmelt.

„Ich werde dich mittragen", das war die Botschaft meiner Frau, die ihr Berufsleben nach der langen Kinder- und Pflegephase wieder in die eigene Hand nahm. Gefühlt hatte ich auch meine Profession verloren. Wer bin ich denn? „Abgestürzter Vorstand als Hausmann und Pflegefachkraft für unser krankes Kind", dafür gab es keine Rollenvorbilder. Aber für Menschen, die in Übergängen neue Professionen gefunden haben gab es Vorbilder, und in der isb-Gruppe sollte ich wohlwollende Unterstützung erfahren. Und so habe ich meine neue entdeckt: Berater, Coach, Organisationsentwickler – und ich kann mich heute in diese neue Profession mit all meinen Erfahrungen und Rollen einbringen.

Nach dem Absturz war mithilfe des isb eine Wiedergeburt dran: „Man nimmt sich immer mit." Wie kann aus dem nun wieder „grauen Entlein" erneut ein stolzer Schwan werden?

Einige Essenzen einer zweijährigen Flugschule am isb seien nur skizziert:

Kommunikation (B. Schmid, 1991)

Wer fliegt, sieht die Welt aus einer neuen, anderen Perspektive (Kulturbegegnungsmodell der Kommunikation 1997). In jeder Kommunikation gibt es bewusst-methodische Anteile, die obenauf liegen und für alle sichtbar sind, es begegnen sich aber auch die unbewusst-intuitiven Anteile (Dialogmodell der Kommunikation 2002).

In der Flugschule wurde unsere Intuition geschärft und geläutert: „Es geht (auch) darum, den anderen besser zu verstehen, als er sich selbst versteht". In den Spiegelungsgruppen entdeckten wir uns als Erzähler unserer eigenen Lebensgeschichte, die wir auf wenige Ereignisse verdichteten – und die wir dann vom anderen gespiegelt bekamen. Die Spiegelungen boten nachhaltige, gelegentlich auch irritierende Momente. Diese Spiegelungen sind Wachstumsbeschleuniger und Wachstumskorrektoren.

Persönlichkeit

Die Beheimatung in drei Welten, die je ihren Teil zum Ganzen der Persönlichkeit beitragen, ermöglicht ein facettenreiches oder fokussiertes Betrachten von Beratungsanliegen.

Erschreckend, wenn alles hinter der Organisationswelt verschlungen wird, dass bei einem Zusammenbruch dort nichts mehr übrigbleibt, auf das als Ressource zurückgegriffen werden kann. Der kleine Schwan hat gespürt, warum der alte Schwan sterben musste, warum es nicht nur eine Flugunterbrechung war, was am Ende mit der Abberufung passierte.

Diese Neugeburt, neudeutsch Relaunch, war ein mühsamer Start, ein schmerzhafter - doch bedarf es der Krisen, um neu zu wachsen. Und obgleich dies harte Arbeit ist, lohnt es sich doch, (erneut) fliegen zu lernen mit den Ressourcen der eigenen Privatrollen, mit den Ressourcen der eigenen Profession. In Wiesloch wurde mir der Zugang zu meinen theologischen Schätzen frei gelegt, selten war ich der spirituellen Kraft, die in der Auseinandersetzung mit den großen Fragen des Lebens und der Welt liegt, so nahe wie in diesen beiden Jahren.

Führung und Macht

Wer führt, kann führen und verführen, kann gestalten, sich und andere ent-falten. Wer Macht hat, kann so auch über-führen in Neues, Unbekanntes, Offenes. Macht und Höhenflüge können faszinieren und verblenden. Jedoch: Im Umgang mit Macht und Mächtigen muss das Fliegen erst recht gelernt sein.

Und speziell: „Kulturentwicklung ist Chefsache, oder sie findet nicht statt" (Bernd Schmid). Der Schwan, der neu heranwächst, hat keine Angst mehr, auch wenn er gerne an die Grenze geht, aber er kennt seine Grenzen und Begrenzungen besser als früher und weiß sich zu sichern und Unterstützung zu organisieren.

Architektur von Veränderungsprozessen

Als Flugschüler durften auch unerfahrene Schwäne sich an komplexen, langwierigen, umfassenden Veränderungsprozessen erproben. Mir ist es manches Mal mulmig geworden, denn diese Komplexität zu beherrschen und in eine regelrechte Dramaturgie zu bringen, erwies sich als hohe Kunst. Es geht um eine Art Orchestrierung. Der Schwan hat gemerkt, dass es in ihm eine Sehnsucht gibt, solchermaßen Prozesse mit Teams und als Teil von Teams zu orchestrieren und die großen Formationen nicht anderen zu überlassen, die dann auf teilweise fatale Weise einflussreich sind.

Lernen am Modell

Gelegentlich durften die Flugschüler begeistert in die Rolle der Zuschauer schlüpfen. Immer wieder sind Lehrtrainer „aus der Rolle" als Fluglehrer gefallen, haben selber ihre Flugkünste gezeigt. Das können ganz besondere Momente sein: Am Vorbild lernen und so sein eigenes Verhaltensrepertoire erweitern, ist auch Teil der Flugschule gewesen. Profitiert haben wir Flugschüler aber auch von den unterschiedlichen Horizonten der langjährigen Beratungserfahrung, an denen uns die Fluglehrer teilhaben ließen. Horizonte aus Rundfunk, Verwaltung, Wirtschaft, NPO waren eine echte Bereicherung.

Professionelle Entwicklungen

Die unsanfte Freistellung von der Leitungsaufgabe hat die Freiheit mit sich gebracht, mich fortzubilden und in der Beratungspraxis zu üben.

Als Trainer und Coach konnte ich bald wieder freiberuflich im Programm „Führungsnachwuchs" meines industriellen Arbeitgebers einsteigen, begleitete zunehmend Transitionsprozesse und moderierte Workshops.

Daraus entwickelten sich Aufträge bei großen mittelständischen Industrieunternehmen, bei denen ich als Begleiter von Veränderungsprozessen und als Coach tätig bin, spannend dort die Verknüpfung von Changeprojekten mit Qualifizierung. Heute bin ich wieder auf einer guten Spur und habe die traumatischen Belastungen meines Werdegangs weitgehend überwunden.

**„Kulturverantwortung in Unternehmen"
- Charts Stuttgart 2016**

Kultur entsteht durch
Kultur und Beispiele
machen Schule.

isb - Motto

Dr. Bernd Schmid
Systemischer Tag CUM NOBIS Stuttgart 14.10.2016   www.isb-w.eu

**Kulturverantwortung
in Unternehmen
Personen und Systeme
qualifizieren**

Warum Kultur?
Organisationskultur
Professionskultur
Lernkultur

Wer schnell zur Sache will,
sollte mit Kultur anfangen.

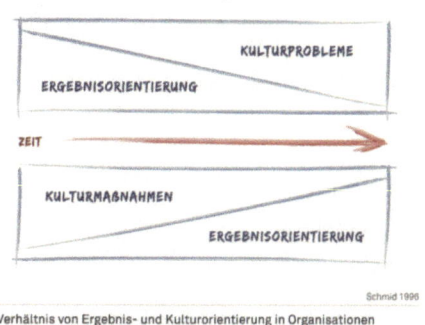

Verhältnis von Ergebnis- und Kulturorientierung in Organisationen

Warum Kultur?

Mit Kultur kann das Beste in jedem in den Vordergrund gebracht und mit dem Besten anderer verknüpft werden.

- Komplexe Systeme können nur durch Kultur gesteuert werden
- Kultur braucht Kulturgestaltung
- Kultur kann nur durch Kultur erzeugt werden
- Kultur braucht Ordnung und Rahmen einerseits und Spielraum andererseits
- Kultur braucht Pflege, insbesondere in der Initialphase

Kultur jenseits des Feuilletons

Organisation als menschliches System
unter den Perspektiven von

- Organisations-Kultur
- Professions-Kultur
- Lernkultur

Organisations-Kultur

Organisations-Kultur

Organisationskultur meint gelebte Antworten auf Fragen der Leistungserbringung und der Lebensqualität der beteiligten Menschen in formellen und informellen Bereichen des Zusammenwirkens.

- Deskriptiv
- Normativ

Organisations-Kulturbildung durch Systemintelligente Personenqualifizierung

Wie muss die Qualifikation von Personen spezifiziert werden, so dass sie als Beitrag für das Funktionieren des Gesamtsystems und als Kulturbeispiele relevant werden kann?

Organisations-Kulturbildung durch Personen-sensible Systemqualifizierung

Wie muss eine Organisation qualifiziert werden, damit ihre Menschen optimal zur Entfaltung kommen und eine selbstgetragene Kultur des Arbeitens und Lernens entwickeln?

Wie viel Mensch?
– Wie viel Organisation?

Begegnung Mensch-Organisation

Zusammenhänge und Integration

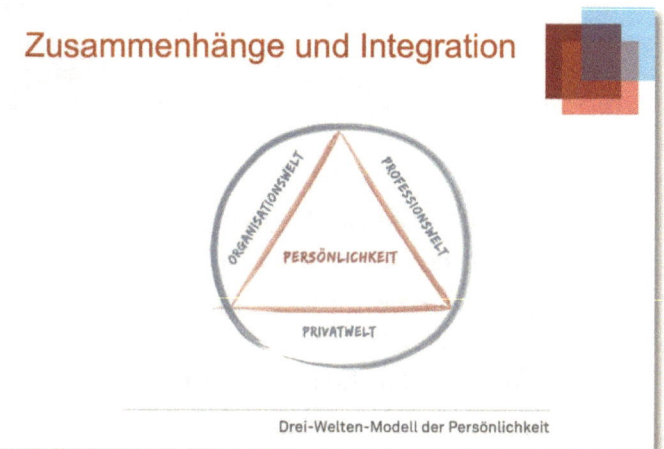

Drei-Welten-Modell der Persönlichkeit

Professions-
Kultur

Jede komplexe Aufgabe ist zugleich
eine Lernaufgabe

→ Arbeiten ist auch Lernen
→ Professionalisieren ist auch Lernen
→ Management und Führung
   ist auch Lernen
→ OE ist auch OE – Lernen

»Ob Kinder lernen, was wir ihnen beibringen wollen, ist fraglich.
Unser Benehmen dabei lernen sie allemal«

Bernd Schmid (1998):
„Originalton – Sprüche aus dem Institut für systemische Beratung".

Wenn Lernen Kultur erzeugen soll…

- Besser im Kulturraum lernen, für den gelernt werden soll.
- Die Lernkultur soll prototypisch sein für intelligentes Alltagslernen im Berufsleben.
- Lernen und arbeiten gehören zusammen.
- Daher am isb Didaktik und Regiekompetenz für selbstorganisiertes Lernen zwischen Professionellen bei großer Diversität

Meta-Lernen

- Jeden stärken, zu seinem Lernstil zu finden
- gemeinsame Gewohnheiten des berufsbezogenen Lernens entwickeln
- lernen, seine Kompetenzen auszuweisen und einzubringen (Bauweise, Gebrauchsanweisung)
- andere optimal im Lernen fördern
- dabei Regie- und Methodenkompetenz für eigenständiges gemeinsames Weiterlernen erwerben

Implizites Wissen

- **Tacit knowledge**
  - Letztlich kann keiner wirklich formulieren, worauf es bei Lernen und Kultur wirklich ankommt, doch hat jeder ein hinreichend gutes implizites Verständnis darüber.

- **Urteilsfähigkeit in Sachen Kultur**
  - Man spürt die Abweichung (somatic marker) und nimmt das zum Anlass, das Sagbare zu formulieren. Doch bildet das Sagbare nur eine poröse Oberfläche mit Bezug zur gemeinten Kultur

- Prinzip der Beiläufigkeit (Julius Kuhl) in Schmidt G., Kuhl J. u.a.: Die Kraft von Imaginationen und Visionen

Balance von Konstruktion und Selbstorganisation

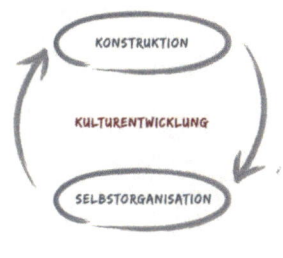

Schmid/Messmer 2003

Balance von Konstruktion und Selbstorganisation

Beispiele für isb-Lernkultur

- Inhaltsperspektiven (z.B. Verantwortung, z.B. Kompetenz)
- Vielschichtiges und Rollenspezifisches Lernen (z.B. Beratermarktübung)
- Kontext-Kompetenz (z.B. Reifegrade)
- Regiekompetenz für selbstgesteuertes Lernen im System (kollegiale Beratung)
- Intuition + Narrative Verfahren (Spiegelung)

Vier Dimensionen eines Verantwortungssystems

Vier Dimensionen eines Verantwortungssystems

Wieslocher Kompetenzformel 1 -Individuen

Wieslocher Kompetenzformel 2 -Systeme

Programmqualität= Elemente mal Integration mal Integrität

Elemente: Zutaten müssen hochwertig und anschlussfähig sein

Integration: Es muss für alle Seiten bewältigbar sein (Integrationsverantwortung)

Integrität: Es muss Gestaltern und Betroffenen Sinn machen.

z.B. Multiplizierbar: in Eigenregie kontextbezogen

Externe und interne Steuerung
und Coaching-Expertise

- Wichtig, dass Interne Coaching-Kompetenz haben, auch wenn sie nicht im engeren Sinne coachen
- Sie sind die Drehscheibe und Garant für Nachhaltigkeit nach innen
- Sie helfen sinnvolle Konfigurationen interner Projekte mit externer Hilfe zu definieren
- Externe sollte für „unbefangene" Außensicht und Anschluss an fachliche Entwicklungen stehen.

Fussball-Metapher 1/4

Jeder Einzelne muss Repertoire beherrschen
- Bezüglich Techniken, Fitness, Spiellogiken, Zusammenspiel und Beziehungen
- Falls Einzelne Nachholbedarf haben Zusatztraining. Wie? Möglichst Systemintelligent und Mannschaftsspezifisch!
- Dabei muss jeder rausfinden, wer er fussabllerisch ist und wo er hinpasst. Dabei können im Trainer und Kollegen helfen.

Fussball-Metapher 2/4

Die Mannschaft muss Zusammenspiel lernen

- Welcher Stil wird gelebt? Wie werden in Situationen Prioritäten gesetzt? Welche Einstellungen gibt es, sich und andere in Wert zu setzen.

Es müssen Spielzüge gemeinsam eingeübt werden. Jeder lernt selbst und hilft anderen zu lernen. Dazu wird gelernt wie man hilft und wie andere lernen

Fussball-Metapher 3/4

Spezifische Aufstellungen und Taktiken werden eingeübt

- Flankenspiel vs. Durch-die-Mitte, Manndeckung vs. Raumdeckung etc. . Jede Veränderung zieht x Folgeveränderungen nach sich. Das Spiel muss unter x Gesichtspunkten hochwertig sein.

Notwendige Reflexe kann das nur gemeinsam in wechselnden Rollen üben, damit jeder die Logiken aus den verschiedenen Perspektiven drauf hat.

Fussball-Metapher 4/4

Jenseits der Automatismen:

Wechsel zwischen den Aufstellungen und Taktiken werden eingeübt

Dreierkette vs. Viererkette und fliegende Wechsel

Heute gewinnt die Mannschaft, die möglichst flexibel, aber doch immer fein abgestimmt spielen kann. Wer einfachen Mustern folgt und Wechsel nicht beantworten kann, verliert.

KULTUR ENTSTEHT
DURCH KULTUR

isb - mehr als Weiterbildung

Das **isb** (**Institut für systemische Beratung**, Leitung: Thorsten Veith) steht als Fachinstitut für Professions-, Organisations- und Kulturentwicklung seit 1984 für hochwertige Professionalisierung von Fachleuten in Organisationen/Unternehmen und ist dort eines der erfahrensten und renommiertesten Institute. Es qualifiziert Führungs- und Fachkräfte bezüglich der Steuerung von Organisationen in Veränderungsprozessen, in systemischer Beratung und Coaching sowie Organisations- und Kulturentwicklung.

Sein Renommee am Markt verdankt das **isb** seinen innovativen Konzepten und Methoden zu den aktuellen Herausforderungen in der Entwicklung von Unternehmen und persönlicher Professionalität. Das Netzwerk von Professionals des **isb** umfasst tausende Alumni aller Branchen (darunter 90% der DAX-Unternehmen) und anderer Gesellschaftsbereiche.

Das **isb** steht mittlerweile für Vieles mehr: Services, Initiativen und Events rund um das isb-Netzwerk, im Feld und in Kooperation mit nationalen und internationalen Verbänden/Organisationen sowie medial aufbereitetes Know-how zu Inhalten und Methoden. Das **isb** gestaltet das Feld systemischer Praxis und systemischer Unternehmensentwicklungen maßgeblich mit.

Publikationen, Themenhandouts, Audios, Videos und Arbeitsmaterialien finden Sie kostenfrei auf dem isb-Campus zur eigenen Nutzung: **www.isb-w.eu**

Besuchen Sie auch unsere Internationale Präsenz: **www.isb-w.eu/en**

Weitere Bücher von Bernd Schmid:

Erschienen im ©tredition Verlag

Psychotherapieschulen und ihre Schlüssel-Ideen

Professionelle in Psychotherapie, Beratung, Coaching und Organisationsentwicklung müssen heute unterschiedlichsten Anforderungen genügen ...

www.isb-w.eu/campus/de/schrift/Psychotherapieschulen-und-ihre-Schlüssel-Ideen

Verantwortung - Last und Würde

Mit den Fragen und Antworten des Lebens umgehen, im Denken, im Erleben, in Begegnungen und in der Lebensweise, das ist nicht immer leicht ...

www.isb-w.eu/campus/de/schrift/Verantwortung-Last-und-Würde

Sowie:

Und der Haifisch, der hat Zähne - Umgang mit Macht, Angst und persönlicher Stärke

Ein Bullenhai, ein Panther oder ein Mafiaboss - sie begegnen uns zuweilen als Schattenkräfte unserer eigenen Persönlichkeit.

www.isb-w.eu/campus/de/schrift/Und-der-Haifisch-der-hat-Zähne

Am Zaun – Persönliche Essays

Am Zaun meint am Rande der Welten, das Schauen auf Sphären dahinter.

www.isb-w.eu/campus/de/schrift/Am-Zaun.-Persönliche-Essays

Erschienen als Festschrift des Odenwald-Instituts 2003.

Persönliche Leitbilder und berufliche Lebenswege

Zum 30jährigen Jubiläum isb-Wiesloch, Sommer 2014.

www.isb-w.eu/campus/de/ schrift/Persönliche-Leitbilder-und-berufliche-Lebenswege

online-druck.biz, Krumbach.

Systemische Traumarbeit. Der schöpferische Dialog anhand von Träumen

Für Laien und Fachleute gleichermaßen geeignet.

www.isb-w.eu/campus/de/schrift/Systemische-Traumarbeit.

Erschienen bei Vandenhoeck & Ruprecht, Göttingen.

Zeitfracht Medien GmbH
Ferdinand-Jühlke-Straße 7
99095 Erfurt, Deutschland
produktsicherheit@kolibri360.de